建设法规实务

编著 ○ 杨陈慧
主审 ○ 杨甲奇

西南交通大学出版社
·成 都·

图书在版编目（CIP）数据

建设法规实务 / 杨陈慧编著. —成都：西南交通大学出版社，2016.11

ISBN 978-7-5643-5127-4

Ⅰ. ①建… Ⅱ. ①杨… Ⅲ. ①建筑法－中国－高等职业教育－教材 Ⅳ. ①D922.297

中国版本图书馆 CIP 数据核字（2016）第 270676 号

建设法规实务

编著　杨陈慧

责任编辑	曾荣兵
封面设计	何东琳设计工作室
出版发行	西南交通大学出版社（四川省成都市二环路北一段 111 号 西南交通大学创新大厦 21 楼）
发行部电话	028-87600564　028-87600533
邮政编码	610031
网址	http://www.xnjdcbs.com
印刷	四川煤田地质制图印刷厂
成品尺寸	185 mm × 260 mm
印张	13
字数	275 千
版次	2016 年 11 月第 1 版
印次	2016 年 11 月第 1 次
书号	ISBN 978-7-5643-5127-4
定价	32.00 元

课件咨询电话：028-87600533

前 言

本书是国家示范性高等职业院校和四川省重点专业建设优质核心课程改革教材。通过实践专家访谈会、现场走访调查等多种方式，确定了建设工程行业与建设工程实务对本课程的相关需求及招投标人员、资料员、监理工程师、建造师等执业岗位对法律实务的要求。基于此，本课程以市政建设工程程序为载体，将教学内容整合设计为 6 个学习情境。通过第 1 个学习情境“初识建设法规实务”的学习和训练，建立本门课程的知识体系，初步认知建设法规所涉及的工作内容和流程，为进入后 5 个学习情境训练做好准备；第 2～5 个学习情境按照建设工程程序要求和工作流程，由浅入深、由“会”到“掌握”、由单一到综合，设置了以下学习情境：“建设工程许可法律实务”、“建设工程发承包法律实务”、“建设工程安全管理法律实务”、“建设工程质量管理法律实务”；第 6 个学习情境是“建设工程相关经济法规案例分析训练”。该情境收集了土地、拆迁、房地产开发、物业管理、保险、税务、环境保护与节能、劳动保护等经济法规典型案例，通过对案例的分析和处理，帮助学生扩充知识面，提高解决实务问题的能力。全书将整合内容以典型案例引入，以引导问题为线索，以任务完成为目标，将相关知识穿插在任务的完成过程中，力求“做”“学”结合，实现课程目标。通过完成 6 个学习情境、16 个工作任务，学生可初步具备招投标人员、资料员、监理工程师、建造师所需的法律实务能力。本书可作为高等职业技术院校建筑及土木工程类专业的教材，也可用作相关技术人员的参考用书。

本书由杨陈慧编著，由四川交通职业技术学院建工系教授杨甲奇主审。在编写过程中，得到了成都医学院公共管理学院主任江先文，成都致高守民律师事务所杨厚光律师，中建二局四川装饰分公司李维韬经理，大连职业技术学院胡元蓉老师，成都农业科技职业学院建筑工程学院冯光荣院长，成都衡泰工程管理有限公司薛昆高工的大力支持和帮助，在此表示衷心的感谢。

由于编写时间仓促和经验不足，书中可能存在颇多不足之处，敬请大家指教。

编 者

2016 年 8 月

目　录

学习情境一　初识建设法规实务

任务一　建设工程程序知多少

一、任务描述

你将为一家市政施工企业提供法律实务服务。现你需对建设法规实务涉及建设工程程序进行梳理，为进入下一任务的学习做好前期准备。

二、学习目标

（1）了解建设工程市场现状；
（2）掌握我国建设市场、工程建设程序的阶段划分；
（3）掌握各阶段的工作内容和要求；
（4）为进入下一个任务的学习做好准备。

三、任务实施

引例 1

第十三届中国建筑企业高峰论坛成果对 2015 年建筑业的发展总结如下：

一是行业逐步下行趋势明显。十二届全国人大常委委员、财经委员会副主任委员尹中卿在第十三届中国建筑企业高峰论坛上表示，中国经济现在正处于“三期叠加”的旋涡，经济增长呈“L”形，在底部徘徊。这一点，也反映在建筑工程量上。2015 年，建筑工程量的萎缩是较明显的。

二是行业转型的方向明确。中国经济社会和建筑业自身发展阶段，要求行业必须走上“创新、协调、绿色、开放、共享”的发展道路，建筑产业化、绿色建筑、EPC 等是行业转型的方向。在第十三届中国建筑企业高峰论坛上，住房和城乡建设部建筑市场监管司司长吴慧娟也明确了建设项目组织实施方式、建筑产业工人队伍、市场机制等方面的改革举措。

三是行业的发展前景广阔。2015 年，住房和城乡建设部下大力气整饬行业发展秩序，统一、开放的建筑市场环境逐步形成。2015 年，国家“一带一路”、京津冀协同发展、地下管廊建设等重要战略逐步细化，为建筑业开辟了新的市场。

四是企业能力建设的重要性上升到前所未有的高度。在新常态下，建筑业粗放型发展模式式微，企业在人才、管理、资金和品牌等方面的实力成为竞争获胜的关键。

五是 PPP 模式在各地全面铺展开，业内人士称之为 PPP 元年。2015 年“两会”期间，李克强总理在政府工作报告中提出，要多管齐下改革投融资体制，在基础设施、公用事业领域积极推广政府和社会合作模式。随后，《关于在公共服务领域推广政府和社会资本合作模式的指导意见》、《财政部 PPP 项目合同指南（试行）》、《关于妥善解决地方政府融资平台公司在建项目后续融资问题的意见》等文件相继出台，伴随着“一带一路”等战略的实施，PPP 模式成为了建筑业的热点话题。据统计，经过近两年的发展创新，目前全国各地已推出的 PPP 项目 1 800 多个，总投资高达 3.4 万亿元。目前，对于建筑企业来说，快速补充 PPP 知识，尽快投身 PPP 项目，“分一杯羹”，是当务之急。

引导问题 1：阅读引例 1，请谈谈目前我国建设市场存在的主要问题。

____

____

____

____

____

____

相关测试

1. 为了保证建设工程市场有序进行，建设行政主管部门与行业协会都明文制定了相应的市场准入制度和生产经营规则，以规范业主、承包商及中介服务组织的生产经营行为。（　　）

2. 经资格审查合格，取得资质证书和营业执照的承包商，方许可在批准的范围内承包工程。（　　）

3. 承包商为打开局面，往往需要低利润报价取得项目。因此，必须在成本控制上下工夫，向管理要效益，并采用先进的施工方法提高工作效率和技术水平。（　　）

4. 除了业主、承包商、工程咨询服务机构作为建设市场主要主体以外，其他单位也可成为建设市场的主体，例如银行、保险公司、物资供应商等。（　　）

5. 建设生产的最终产品质量是由各阶段成果的质量决定的。因此，设计、施工必须按照规范和标准进行，才能保证生产出合格的建筑产品。（　　）

6. 政府作为公众利益的代表，加强对建筑产品的规划、设计、交易、建造的管理是非常必要的，有关工程建设的市场行为都应受到管理部门的监督和审查。（　　）

7. 工程建设标准的独特作用就在于，一方面通过有关的标准规范为相应的专业技术人员提供了需要遵循的技术要求和方法；另一方面，由于标准的法律属性和权威属性，保证了从事工程建设有关人员按照规定去执行，从而为保证工程质量打下了基础。(　　)

8. 我国《建筑法》规定，对从事建筑活动的施工企业、勘察单位、设计单位和工程咨询机构（含监理单位）实行资质管理。(　　)

9. 分包单位不需要相应的资质等级证书。(　　)

10. 我国对工程咨询单位实行资质管理。目前，已有明确资质等级评定条件的有工程监理、招标代理、工程造价等咨询机构。(　　)

引例 2

目前，在对基本建设工程的审计过程中，我们发现建设工程程序极不规范，其主要表现为：一是工程项目不履行招投标程序，工程造价完全由建设方按市场最低平方造价给定，谁给的价低让谁干。其后果是工程造价低，工程质量差，危房到处可见。二是表面上按建设工程程序进行招投标，优惠造价，实质上暗箱操作，串通标的。如在对某水厂政府投资 2 000 万元基础设施进行审计时，发现不仅标的多计工程造价 30 万元，还存在招投标文件的制定和图纸答疑内容不完整，标的编制程序不规范等问题。三是冒名顶替资深建筑工程企业承揽工程建设。如在对某市新城区三条交通要道道路工程的审计中，招标文件中明确规定，必须由国家一级企业建筑公司承建，而审计中发现三个中标的“国家一级企业”全部不够资质，无任何资格承建此工程，更不用说提供审计所需资料。四是存在政府直接经营投资项目的现象。政府投资的工程，政府直接负责招投标，采购材料选择施工企业，仅对建设工程前期进行控制，重要的工程施工、验收就不管不问，造成前期程序规范，重要的施工期、竣工验收期无人过问，从而导致工程质量后患，社会危害不言自明。

引导问题 2：阅读引例 2，回答相关问题：

1. 什么是建设工程程序？

____

____

____

____

2. 我国工程建设程序划分为几个阶段？

____

____

____

世界各国家和国际组织的工程项目建设程序大同小异，都要经过投资决策和建设实施两个发展时期。这两个发展时期又可分为若干个阶段，它们之间存在着严格的先后次序，可以进行合理的交叉，但不能任意颠倒次序。

世界银行贷款项目建设程序：

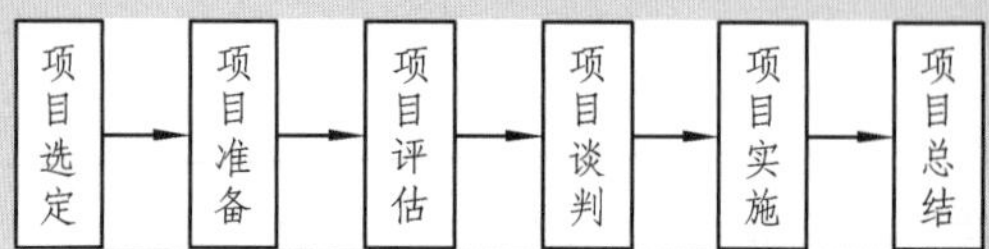

我国工程项目建设程序：

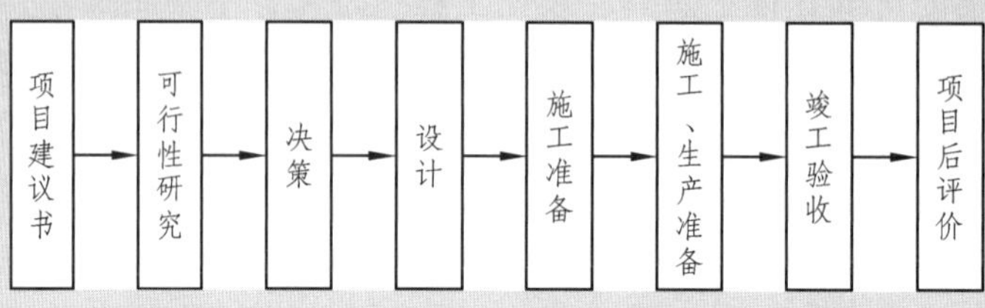

引导问题 3：请根据建设工程程序要求完成表 1.1 的填写。

表 1.1　我国工程建设程序

工程建设程序的阶段划分	各阶段的环节划分
（1）	①
	②
	③
	④
	⑤
（2）工程建设准备阶段	①
	②
	③
	④
	⑤

续表

工程建设程序的阶段划分	各阶段的环节划分
（2）工程建设准备阶段	⑥
	⑦
	⑧
（3）工程建设实施阶段	①
	②
（4）	①
	②
（5）工程终结阶段	①
	②

引导问题 4：请陈述建设程序阶段各阶段的主要建设内容。

1. 工程决策分析阶段

2. 工程建设准备阶段

3. 工程建设实施阶段

4. 工程竣工验收与保修阶段

5. 工程终结阶段

应用案例 1

神农架具有典型的喀斯特地貌，机场坐落在海拔高达 2 580 m 的陡峭山顶上。5 处耸立的山峰被削平，数百个溶洞被填掉，站在宽阔的机场上，群山一览无余。历经两年多时间，机场建设接近尾声。费了好大力气建成的华中最高机场，未来可能面临的却是每年有 150 天滴水成冰的寒冷日子。

引导问题 5：阅读应用案例，回答以下问题：

1. 神农架机场建设按建设工程程序法规要求，开工前应得到哪些部门的许可？

A. 城市规划局	B. 住建局
C. 发改委	D. 国土局
E. 质监与安监部门	F. 建设工程交易中心

2. 该项目建设存在哪些问题？

应用案例 2

“11·22”中石化东黄输油管道泄漏爆炸事故共造成 62 人遇难。经事故现场调查，占压引起的管线变形，加上管线年久失修，到达可燃条件，又触碰到燃气管线，才引发了这么大的事故。11 月 26 日补充，爆炸的部位应为排污管线，不是燃气管网。导致事故的最重要的因素是占压，以及占压带来的各种维护问题。

根据《管道保护法》规定，长输管线上面不允许建设任何建筑物，管网中心线周围一定距离内不允许建设任何建筑物及深根植物，如果建设了，就称为占压。

引导问题 6：阅读应用案例，回答以下问题：

1. 该项目建设存在哪些问题？

____

____

____

____

应用案例 3

2013 年 4 月 22 日，×水泥厂与×建筑公司订立《建设工程施工合同》及《合同总纲》双方约定：由×建设公司承建×水泥厂第一条生产线主厂房及烧成车间等配套工程的土建项目。开工日期为 2014 年 5 月 15 日。建筑材料由×水泥厂提供，×建设公司垫资 150 万元人民币，在合同订立 15 日内汇入×水泥厂账户。×建设公司付给×水泥厂 10 万元保证金，进场后再付 10 万元押图费，待图纸归还×水泥厂后再予退还等。双方在订立合同和工程施工时，尚未取得建设用地规划许可证和建设工程规划许可证。厂房工程于 2014 年 9 月如期竣工并交付使用。由于水泥厂急待使用，在没有经过正式验收的情况下，于 2014 年 10 月就提前使用了厂房工程。在使用了 8 个月之后，厂房内承重墙体裂缝较多，屋面漏水严重。

水泥厂为维护企业的合法权益，多次与建筑公司交涉要求其处理工程质量问题。而建筑公司以上述工程质量问题是由于水泥厂提前使用造成为由，不予处理。由此，水泥厂于 2015 年 10 月诉至人民法院。

引导问题 7：阅读应用案例，回答以下问题：

1. 该案例涉及的建设活动应有哪些必备程序？

____

____

____

____

____

2. 该案例工程建设程序存在哪些问题？

3. 什么是工程的竣工验收？其依据有哪些？

四、任务评价

1. 此次任务完成中存在的主要问题有哪些？

2. 问题产生的原因有哪些？

3. 请提出相应的解决方法：

4. 您认为还需加强哪方面的指导（实际工作过程及理论知识）？

五、拓展训练

×市政府将投建×市 7 号线地铁工程，现请按照工程建设程序要求，列出建设过程中所涉及的工程资料清单。

任务二　建筑法律纠纷，几多欢喜几多愁

一、任务描述

你将为一家市政施工企业提供法律实务服务。现你需对建设法规实务涉及建设工程常见纠纷进行梳理，为进入下一任务的学习做好前期准备。

二、学习目标

（1）列出建设工程参与主体种类和名称；
（2）识别建设工程法律关系三要素；
（3）识别建设工程常见纠纷种类；
（4）列出引发建设工程纠纷的常见原因；
（5）识别建设工程引发的常见法律责任；
（6）为进入下一个任务的学习做好准备。

三、任务实施

引例 1

发承包双方于 2012 年 3 月签订了施工合同，合同约定了承包范围：市政管网、中庭广场施工图内全部工程，合同价暂定为 145 万元（合同约定按实结算），合同工期 120 天。申请人于 2012 年 3 月开工，于 2012 年 10 月竣工验收。申请人于 2015 年以被申请人一直未办理结算为由，向深圳仲裁委员会申请仲裁。

引导问题 1：阅读以上案例，回答以下问题：

1. 列出引例 1 中工程参与主体种类和名称。

____

____

____

2. 列出建设工程参与主体种类和名称。

____

____

____

3. 建设工程法律关系三要素有哪些？列出引例 1 中的法律关系及其要素。

____

引导问题 2：工程建设常见纠纷有哪些？请按下列分类填写。

1. 行政纠纷

2. 合同纠纷

（1）施工合同主体纠纷

（2）施工合同质量纠纷

（3）施工合同分包与转包纠纷

（4）施工合同竣工验收纠纷

（5）施工合同审计纠纷

（6）建设工程物资采购合同质量纠纷

（7）建设工程物资采购合同数量纠纷

（8）建设工程物资采购合同履行期限、地点的纠纷

（9）建设工程物资采购合同价款纠纷

（10）建设工程勘察、设计纠纷

（11）建设工程监理合同纠纷

3. 侵权纠纷

（1）相邻关系纠纷

（2）环境保护纠纷

（3）施工中的安全措施不当产生的损害赔偿纠纷

（4）施工中搁置物、悬挂物造成损害赔偿纠纷的成因与防范措施

引例 2

某厂新建一车间，分别与市设计院和市建某公司签订设计合同和施工合同。工程竣工后厂房北侧墙壁发生裂缝，为此该厂向法院起诉市建某公司。经勘验裂缝是由于地基不均匀沉降引起的。结论是结构设计图纸所依据的地质资料不准，于是该厂又诉讼市设计院。市设计院答辩，设计院是根据某厂提供的地质资料设计的，不应承担事故责任。经法院查证：某厂提供的地质资料不是新建车间的地质资料，而是与该车间相邻的该厂的地质资料，事故前设计院也不知该情况。

引导问题 3：阅读以上案例，回答以下问题：

1. 工程建设法律责任有哪些分类？

2. 工程建设法律责任的构成要件有哪些？

3. 本案例中的事故的责任者是谁？ 某厂所发生的诉讼费应由谁承担？

特别提示

法律责任认定的特殊情形：

1. 违约责任是一种严格责任，不以主观过错为前提。如企业在施工过程中由于建材供应方没有按约供应建材，造成停工，从而延误工期，在这种情况下，施工方不能以自己没有主观过错拒绝承担违约责任。

2. 对于产品质量责任、国家机关及其工作人员执行职务、建筑主体从事高度危险作业致人损害时，侵权人应承担无过错责任。

引例 3

2000 年 4 月 19 日，甲公司作为发包单位、乙公司作为承包单位，签订施工总包合同一份，约定：甲公司将某住宅小区工程项目发包给乙公司承建；2001 年 5 月，乙公司将第一期工程交付给甲公司。后由于所交付的房屋出现雨后墙面、地下室等渗水现象，甲公司指出乙公司交付的第一期工程存在渗水、漏水等质量问题，并提出相应整改意见。其中与本案相关的 1 号 101 室有多次渗水报修的记录，另该房屋与 2 号 102 室伸缩缝之间有建筑垃圾。

2005 年初，第一期工程项目中的 1 号 101 室业主和 2 号 102 室业主以甲公司所售房屋存在渗水等质量问题，造成房屋内装修损害为由，分别向法院提起诉讼，要求甲公司赔偿装修损失，甲公司分别向两户业主作出了赔偿。现甲公司以乙公司施工存在质量问题为由，提起诉讼，请求判令乙公司承担因房屋施工质量问题造成甲公司赔偿的装修损失及承担本案诉讼费。

在甲公司与上述两户业主的诉讼过程中，双方对 1 号 101 室及 2 号 102 室的装修损坏原因未申请鉴定，甲公司确认系房屋渗水等质量问题导致；对于装修损失的具体数额，双方亦未申请评估。

在一审审理期间，根据乙公司的申请，法院委托上海市室内装饰质量监督检验站对本案诉争的两套房屋是否存在质量问题以及房屋质量问题形成的原因进行鉴定。鉴定中，该 2 套房屋业主不配合，致使鉴定未果。

审理中，双方当事人确认，本案诉争房屋于 2001 年竣工交房后发生渗水，分别于 2001 年、2002 年、2004 年进行维修，在 2004 年进行维修时发现房屋伸缩缝有建筑垃圾，遂对其予以清除进行维修，之后再未发生渗水。

引导问题 4：阅读以上案例，回答以下问题：

1. 常见建设工程纠纷有哪些？

2. 纠纷的一般解决方式有哪些？

3. 本案的争论焦点是什么？应如何解决？

引导问题 5：请总结建设法规实务所涉及知识点、工作内容及程序。

相关测试

1. 单项选择题

（1）发电厂甲与施工单位乙签订了价款为 5 000 万元的固定总价建设工程承包合同，则这笔 5 000 万元工程价款是（　　）。

A. 工程建设法律关系主体　　B. 工程建设法律关系客体

C. 工程建设法律关系的内容　　D. 工程建设法律关系内容中的义务

（2）消费者王某从某房屋开发公司开发的小区购买别墅一栋，半年后发现屋顶漏水，于是向该公司提出更换别墅。在这个案例中，法律关系的主体是（　　）。

A. 该小区　　B. 王某购买的别墅

C. 别墅的屋顶　　D. 王某和该房屋开发公司

（3）下列不属于法律事实中事件的是（　　）。

A. 海啸　　B. 暴雨

C. 战争　　D. 实施盗窃

（4）法律意义上的非物质财富是指人们脑力劳动的成果或智力方面的创作，也称智力成果。下列选项中属于非物质财富的是（　　）。

A. 股票　　B. 100 元人民币

C. 建筑图纸　　D. 建筑材料的商标

E. 太阳光

2. 多项选择题

（1）下列属于建设工程法规形式的有（　　）。

A. 某省人大常委会通过的《建筑市场管理条例》

B. 住房和城乡建设部发布的《注册建造师管理办法》

C. 某省人民政府制定的《招投标管理办法》

D. 某市人民政府办公室下发通知要求公办学校全部向外来工子女开放，不收取任何赞助费用

E. 某省建设行政主管部门下发的加强安全管理的通知

（2）可以作为建设工程法律关系主体的国家机关包括（　　）。

A. 国家权力机关　　B. 国家司法机关

C. 国家检察机关　　D. 行政机关

E. 党的机关

（3）建设工程法律关系主体的范围包括（　　）。

A. 自然人　　B. 建设单位

C. 承包单位　　D. 国家机关

E. 某企业的车间

（4）建设工程法律关系的内容是指（　　）。

A. 法律权利　　B. 客体

C. 标的　　D. 价款

E. 法律义务

（5）建设工程法律关系的变更包括（　　）。

A. 建设工程法律关系主体的变更　　B. 合同形式的变更

C. 纠纷解决方式的变更　　D. 建设工程法律关系客体的变更

E. 建设工程法律关系内容的变更

（6）引起建设工程法律关系发生、变更、终止的情况称为法律事实，按照是否包含当事人的意志，法律事实可以分为（　　）。

A. 事件　　B. 不可抗力事件

C. 无意识行为　　D. 意外事件E. 行为

四、任务评价

1. 此次任务完成中存在的主要问题有哪些？

______

______

______

2. 问题产生的原因有哪些？

______

______

______

请提出相应的解决方法：

______

______

______

______

3. 您认为还需加强哪方面的指导（实际工作过程及理论知识）？

______

______

______

五、拓展训练

某市政府将投建某市 7 号线地铁工程，现请列出该工程建设过程中可能出现的相关纠纷，并分析相关法律责任。

任务三　八大法律制度，“江湖规矩”细研磨

一、任务描述

你将为一家市政施工企业提供法律实务服务。现你需学习建设法规体系及适用原则、八大基本法律制度，为进入下一任务的学习做好前期准备。

二、学习目标

（1）列出建设法规体系及适用原则；
（2）运用建设工程法人制度，解决相关问题；
（3）运用建设工程代理制度，解决相关问题；
（4）运用建设工程物权制度，解决相关问题；
（5）运用建设工程债权制度，解决相关问题；
（6）运用建设工程知识产权制度，解决相关问题；
（7）运用建设工程担保制度，解决相关问题；
（8）运用建设工程保险制度，解决相关问题；
（9）建设工程监理制度，解决相关问题；
（10）为进入下一个任务的学习做好准备。

三、任务实施

引例 1

地处 A 市的某设计院承担了坐落在 B 市的某项“设计—采购—施工”承包任务。该设计院将工程的施工任务分包给 B 市的某施工单位。设计院在施工现场派驻了包括甲在内的项目管理班子，施工单位则由乙为项目经理自成了项目经理部。施工任务完成后，施工单位以设计院尚欠施工款为由向仲裁委员会申请仲裁，主要依据是有甲签字确认的所增加的工程量。设计院认为甲并不是该项目的设计院方的项目经理，不承认甲签字的效力。经查实，甲既不是合同中约定的设计院的授权负责人，也没有设计院的授权委托书。但合同中约定的授权负责人基本没有去过该项目现场。事实上，该项目一直由甲实际负责，且有设计院曾经认可甲签字付款的情形。

引导问题 1：阅读以上案例，回答以下问题：

1. 说明引例 1 中工程项目法人制度。

____

____

2. 设计院是否应当承担付款责任，为什么？

相关测试

单项选择题

1. 以下（　　）不是法人的基本特征。

A. 名称　　B. 固定住址

C. 财产　　D. 自由登记

E. 独立承担责任

2. 以下说法正确的是（　　）。

A. 法人类型可分为企业法人非企业法人，建筑企业一般为非企业法人

B. 建设工程推行项目法人责任制

C. 项目经理是企业法人的独立管理者，具有法人地位

D. 项目经理部的法律后果由项目部承担

3. 法人责任承担方式说法错误的是（　　）。

A. 法人以法人财产承担有限责任

B. 法人资不抵债，法人破产

C. 法人合并、分立后，由新法人承担原权利和义务

D. 法人以法人财产承担无限责任

4. 甲公司对丁公司有40万元货款未付。出于营业需要，从甲公司分出新公司C。甲公司与C公司达成债务分配协议，约定丁公司的债务由C公司承担。丁公司的债权40万元，应当（　　）。

A. 由甲公司承担清偿责任

B. 由C公司承担清偿责任

C. 由甲公司和C公司承担连带清偿责任

D. 由甲公司和C公司按约定比例承担清偿责任

引例 2

2013 年 7 月，甲建筑公司（以下简称甲公司）中标某大厦工程，负责施工总承包。2014 年 5 月，甲公司将该大厦装饰工程施工分包给乙装饰公司（以下简称乙公司）。甲公司驻该项目的项目经理为李某；乙公司驻该项目经理为王某。李某与王某是多年的老朋友。2014 年 6 月，甲公司在该项目上需租赁部分架管、扣件，但资金紧张。李某听说王某与丙材料租赁站（以下简称丙租赁站）关系密切，便找到王某帮忙赊租架管、扣件。王某答应了李某的请求。随后，李某将盖有甲公司合同专用章的空白合同书及该单位的空白介绍信交给王某。同年 7 月 10 日，王某找到丙租赁站，出具了甲公司的介绍信（没有注明租赁的财产）和空白合同书，要求租赁脚手架。丙租赁站经过审查，认为王某出具的介绍信与空白合同书均盖有公章，真实无误，确信其有授权，于是签订了租赁合同。丙租赁站依约将脚手架交给王某，但王某将脚手架用到了由他负责的其他的工程上。后丙租赁公司多次向甲公司催要价款无果后，将甲公司诉至人民法院。

引导问题 2：阅读以上案例，回答以下问题：

1. 说明引例 2 中工程代理制度。

2. 王某的行为属无权代理还是表见代理，为什么？

3. 表见代理的法律后果是什么？

相关测试

选择题

1. 代理的法律特征有（　　）。

A. 在代理权限内　　B. 以被代理人名义

C. 实施法律行为　　D. 后果由被代理人承担

2. 某体育馆工程建设方委托 A 监理公司完成施工现场管理，由于监理指令错误造成施工方损失 80 万，该损失应由（　　）承担。

A. 建设方　　B. 监理方

C. 施工方　　D. 建设方与监理方

3. 甲为某单位的法定代表人，某日与一个体工商户乙签订了一份合同。该合同中，甲已经超越了其法人在章程中对其代表权限的限制，但是，乙却不知情，则该合同（　　）。

A. 无效　　B. 有效

C. 部分有效　　D. 效力待定

4. 在代理行为中，因授权范围不明确，造成第三人损失时，应（　　）。

A. 代理人承担赔偿责任　　B. 被代理人承担责任

C. 第三人自己承担　　D. 被代理人与代理人共同承担连带责任

引例 3

业主将某建设工程项目委托某监理单位进行施工阶段的监理。在委托监理合同中，对业主和监理单位的权利、义务和违约责任所作的部分规定如下：

1. 在施工期间，任何工程设计变更均须经过监理方审查、认可，并发布变更指令方为有效，实施变更。

2. 监理方应在业主的授权范围内对委托的建设工程项目实施施工监理。

3. 监理方发现工程设计中的错误或不符合建筑工程质量标准的要求时，有权要求设计单位改正。

4. 监理方仅对本工程的施工质量实施监督控制，业主则实施进度控制和投资控制任务。

5. 监理方在监理工作中仅维护业主的利益。

6. 监理方有审核批准索赔权。

7. 监理方对工程进度款支付有审核签认权；业主方有独立于监理方之外的自主支付权。

8. 在合同责任期内，监理方未按合同要求的职责履行约定的义务或业主违背合同约定的义务，双方均应向对方赔偿造成的经济损失。

9. 当事人一方要求变更或解除合同时，应当在 42 日前通知对方，因解除合同使一方遭受损失的，除依法免除责任的外，应由责任方负责赔偿。

10. 当业主认为监理方无正当理由而又未履行监理义务时，可向监理方发出指明其未履行义务的通知。若业主发出通知后 21 日内没有收到答复，可在第一个通知发出后 35 日内发出终止委托监理合同的通知，合同即行终止。监理方承担违约责任。

11. 在施工期间，因监理单位的过失发生重大质量事故，监理单位应付给业主相当于质量事故经济损失 20%的罚款。

12. 监理单位有发布开工令、停工令、复工令等指令的权力。

引导问题 3：阅读以上案例，回答以下问题：

1. 引例 3 涉及的监理制度包括哪些内容？

2. 建筑工程涉及监理纠纷有哪些？

3. 引例 3 所述各条中有无不妥之处？怎样才是正确的？

相关测试

1. 按《建设工程监理范围和规模标准规定》的要求，达到一定规模的大中型公用事业工程必须实行监理，其中“大中型公用事业工程”是指（　　）。

A. 项目总投资额在 1 500 万元以上的供水、供电等市政工程项目

B. 项目总投资额在 3 000 万元以上的卫生、社会福利等项目

C. 项目总投资额在 2 500 万元以上的体育、旅游、商业等项目

D. 项目总投资额在 2 000 万元以上的科技、教育、文化等项目

E. 项目总投资额在 3 000 万元以上的供气、供热等市政工程项目

2. 监理单位与被监理单位是通过（　　）来确立关系的。

A. 法律、法规的规定

B. 政府建设主管部门的要求

C. 项目法人与被监理单位签订的合同

D. 项目法人与监理单位签订的合同

E. 监理单位与被监理单位之间的协商

3. 在《建设工程委托监理合同（示范文本）》中，纲领性的法律文件是（　　）。

A. 建设工程委托监理合同

B. 建设工程委托监理合同标准条件

C. 双方共同签署的修正文件

D. 建设工程委托监理合同专用条件

4. 在委托监理的工程范围内，委托人与承包人的任何意见和要求，均须先向（　　）提出。

A. 业主代表　　　　B. 监理人

C. 总监理工程师　　　　D. 工程师

5. 监理工程师在履行合同义务时工作失误，给施工单位造成损失，施工单位应当要求（　　）单位赔偿损失。

A. 建设　　　　B. 监理

C. 监理工程师　　　　D. 建设和监理

6. 监理人在责任期内，如果因过失而造成经济损失要负（　　）。

A. 连带责任　　　　B. 全部责任

C. 监理违约的责任　　　　D. 监理失职的责任

引例 4

甲某和乙某是上下楼邻居，2003 年甲某对卫生间进行了改造，不久，甲某因排水

不畅在征得物业管理公司的同意下改动了单元楼内的下水管道。可是由于施工不当，甲某改动的下水管道在使用过程中存在渗漏现象，渗漏的水部分破坏了楼下乙某家的装潢。乙某找甲某和物业管理公司多次协商未果，遂将甲某和物业管理公司一并告上了法庭。

引导问题 4：阅读以上案例，回答以下问题：

1. 引例 4 涉及纠纷是否属于物权纠纷？物权制度包括哪些内容？

2. 建筑工程涉及哪些物权纠纷？

3. 本案例应如何解决？

相关测试

选择题

1. 物权的种类有（　　）。

A. 所有权　　B. 用益物权

C. 担保物权　　D. 使用权

2. 所有权四种权能中最基本最核心的权能是（　　）。

A. 收益权　　B. 占有权

C. 处分权　　D. 使用权

3. 用益物权包括（　　）。

A. 土地承包经营权　　B. 建设用地使用权

C. 宅基地使用权　　D. 地役权

4. 担保物权包括（　　）。

A. 抵押权　　B. 质押权

C. 留置权　　D. 使用权

5. 根据《城镇国有土地使用权出让和转让暂行条例》规定，下列关于土地使用权出让最高年限的表述正确的是（　　）。

A. 甲商业大楼用地使用权出让年限是 50 年

B. 乙工厂用地使用权出让年限是 40 年

C. 丙私立医院土地使用权出让年限是 70 年

D. 丁旅游娱乐中心土地使用权出让年限是 40 年

6. 甲和乙的农田相邻，甲为浇灌自家农田必须从乙的农田里挖一条渠，此时甲可以和乙签订地役权合同，甲付给乙一定的报酬，从而取得从乙的农田挖渠的权利是（　　）。

A. 土地使用权　　B. 用益物权

C. 地役权　　D. 处分权

7. 张三为了看风景，和邻居相约：张三付给他 10 万，邻居 10 年内不得在自己的土地上盖 6 层以上的建筑物，张三在这 10 年内有权禁止邻居盖 6 层以上的建筑物，该权利叫（　　）。

A. 占有权　　B. 使用权

C. 收益权　　D. 地役权

引例 5

1. 某市 1 栋在建住宅发生楼体倒覆事故，造成 1 名工人身亡。经调查分析，事故调查组认定是 1 起重大责任事故。其直接原因是：紧贴该楼北侧，在短时间内堆土过高，最高处达 10 m 左右；紧邻该楼南侧的地下车库基坑正在开挖，开挖深度 4.6 m。大楼两侧的压力差使土体产生水平位移，过大的水平力超过了桩基的抗侧能力，导致房屋倾倒。此外，还主要存在 6 个方面的间接原因：一是土方堆放不当。在未对天然地基进行承载力计算的情况下，开发商随意指定将开挖土方短时间内集中堆放于该楼北侧。二是开挖基坑违反相关规定。土方开挖单位，在未经监理方同意、未进行有效监测，不具备相应资质的情况下要求组织施工，施工速度快于规定的技术标准要求。

引导问题 5：阅读以上案例，回答以下问题：

1. 引例 5 是否涉及债权纠纷？债权具有哪些特点？

2. 引起债权产生的原因有哪些？

3. 本案将引起哪些法律责任？应如何解决？

相关测试

选择题

1. 建设工程债的产生原因有（　　）。

A. 合同　　B. 侵权

C. 无因管理　　D. 不当得利

2. 关于侵权说法正确的是（　　）。

A. 侵权行为一般是指行为人由于过错侵害他人的财产、人身，依法应承担民事责任的行为

B. 行为人虽无过错，但法律特别规定应对受害人承担民事责任的其他侵害行为，也属于侵权行为

C. 侵权行为分为一般侵权行为和特殊侵权行为

D. 一般侵权行为适用过错责任，特殊侵权行为适用过错推定责任

3. 与建设工程相关的特殊侵权行为包括（　　）。

A. 高度危险的作业造成他人损害

B. 违反国家保护环境防止污染的规定，污染环境造成他人损害

C. 在公共场所、道旁或者通道上挖坑、修缮安装底下设施等，没有设置明显标志和采取安全措施造成他人损害

D. 建筑物或者其他设施以及建筑物上的搁置物、悬挂物发生倒塌、脱落、坠落造成他人损害

4. 甲、乙都是某建筑工地分包商技术负责人。乙的现场办公用房使用电炉着火，甲为防止乙的火蔓延而去扑火，结果被烧伤，花去医疗费 1 000 元，则以下叙述正确的是（　　）。

A. 甲、乙之间构成了不当得利之债

B. 甲、乙之间构成了无因管理之债

C. 甲、乙之间构成了合同之债

D. 甲、乙之间没有形成债的关系

5. 下列情况能发生不当得利的是（　　）。

A. 施工单位向工人支付工资

B. 施工单位为工人办理工伤社会保险

C. 施工单位为工人发放降温费

D. 施工单位计算错误多付给张某三天工钱

引例 6

某建设单位委托某设计院进行一个建设工程项目的设计工作，合同中没有约定工程设计图的归属。设计院委派张某等完成了这一设计任务。该项目完成后，建设单位没有经过设计院同意，将该设计图纸用于另一类似项目。但由于地质条件的差别，工程出现质量问题，给建设单位造成了一定的损失。

引导问题 6：阅读以上案例，回答以下问题：

1. 引例 6 涉及纠纷是否属于知识产权纠纷？知识产权制度包括哪些内容？

____

____

____

2. 建筑工程涉及哪些知识产权纠纷？

3. 本案例应如何解决？

引例 7

2008 年 10 月 10 日，某单位与某保险公司签订了《建筑工程一切险及第三者责任险》，保险项目为建筑工程（包括永久和临时工程及材料），投保金额为 3.07 亿元。保险期限自 2008 年 10 月 10 日 0 时起至 2011 年 4 月 22 日 24 时止。双方在保险合同中将各种自然灾害引起的物质损失绝对免赔额分别作了限定，并特别约定：物质损失部分每次事故赔偿限额人民币 300 万元。2008 年 10 月 15 日施工单位一次性缴纳了保险费 130 余万元。

2009 年 7 月 29 日，该地区遭遇特大暴雨，山洪暴发，致使施工区域内山体塌方，施工便道被冲毁，大量桩基被埋，抗滑桩垮塌，部分施工材料被冲走，工地受损严重，该单位经估算，预计损失金额为 256 万余元，保险公司接到报案后，聘请了某保险公司对事故现场进行了实地勘察，先后出具了两次损失统计表，其定损金额均与该单位实际受损情况存在很大差异。该单位提出异议，对受损金额不予认可，故全权委托某保险经纪公司为其保险顾问。

引导问题 7：阅读以上案例，回答以下问题：

1. 引例 7 涉及纠纷是否属于保险纠纷？保险制度包括哪些内容？

2. 建筑工程涉及哪些保险纠纷？

3. 本案例应如何解决？

引例 8

徐某承包 A 建筑公司的脚手架工程，在承包期间，徐某与 B 公司、A 建筑公司下属的项目部签订建筑周转材料租赁合同，约定徐某向 B 公司租用建筑周转材料。合同签订后，项目部在合同上加盖印章，为徐某提供担保并承担连带责任。租赁期限届满后，徐某欠原告租金等各项费用总计 24 万元，B 公司索要无果，遂将徐某和 A 建筑公司诉至法院，要求徐某支付租金，A 建筑公司承担连带保证责任。

引导问题 8：阅读以上案例，回答以下问题：

1. 引例 7 涉及纠纷是否属于担保纠纷？担保制度包括哪些内容？

2. 建筑工程涉及哪些担保纠纷？

3. 本案例应如何解决？

相关测试

1. 保证合同是（　　）签订的合同。

A. 债权人与债务人　　B. 债权人与保证人

C. 债务人与保证人　　D. 保证人与被保证人

2. 某项目勘察费用为 40 万元，合同中约定定金为 20%，也约定了违约金为 5 万元，请分析在下列情况下违约方应承担的违约责任。

1）如果发包方尚未支付定金，承包方因自身原因不能按约定履行合同，其应支付给发包方（　　）万元。

A. 4 万元　　B. 5 万元

C. 8 万元　　D. 9 万元

2）发包方按承包方的请求支付了 20 万元定金，承包方亦不能按照合同约定履行合同导致合同解除，那么承包方应支付给发包方（　　）万元。

A. 40　　B. 28

C. 20　　D. 16

3. 甲、乙二人签订了一份买卖合同，由丙作为乙在收到货物后支付货款的保证人，但合同对保证方式没有约定。现在，乙收到货物后拒不付款，丙承担保证责任的方式应为（　　）。

A. 一般保证责任

B. 连带保证责任

C. 由丙与甲重新协商确定保证责任的方式

D. 由甲、乙和丙重新协商确定保证责任的方式

4. 下列选项中，（　　）属于担保形式的一种。

A. 动员预付款　　　　B. 材料预付款

C. 定金　　　　D. 罚金

5. 财产抵押权设置后，将限制的是财产的（　　）。

A. 占有权　　　　B. 使用权

C. 收益权　　　　D. 处分权

6. 当事人以房地产进行抵押，抵押合同自（　　）之日起生效。

A. 签字盖章　　　　B. 抵押登记

C. 债务人不履行债务　　　　D. 主合同生效

7. 动产质押合同从（　　）时生效。

A. 登记之日　　　　B. 签字之日

C. 质物移交质权人占有　　　　D. 债务人不履行合同之日

8. 乙向甲借款 10 万元，由丙提供保证，后乙与丁签订转让合同，把还款的义务转移给了丁，并取得了甲的同意，下列选项中最确切的是（　　）。

A. 债务转移无效

B. 丙继续承担保证责任

C. 经丙书面同意后才继续承担保证责任

D. 经丙口头同意后才继续承担保证责任

四、任务评价

1. 此次任务完成中存在的主要问题有哪些？

____

____

____

____

2. 问题产生的原因有哪些？

____

____

____

请提出相应的解决方法：

____

____

____

____

3. 您认为还需加强哪方面的指导（实际工作过程及理论知识）？

____

____

____

五、拓展训练

某市政府将投建某市 7 号线地铁工程，现请按照工程建设 9 大基本制度要求，提出相关建议。

任务四　定纷止争，江湖亦有道

一、任务描述

你将为一家市政施工企业提供法律实务服务。现你需对建设法规实务涉及的 4 种纠纷常见处理方式进行学习，为进入下一个任务的学习做好前期准备。

二、学习目标

（1）列出建设工程纠纷处理方式和名称；
（2）根据纠纷具体特点选择处理方式；
（3）根据仲裁程序要求，熟练做好相关资料准备和人员安排；
（4）根据诉讼程序要求，熟练做好相关资料准备和人员安排；
（5）根据行政复议程序要求，熟练做好相关资料准备和人员安排；
（6）为进入下一个任务的学习做好准备。

三、任务实施

引例 1

2010 年 4 月 20 日，原告×××建筑工程有限责任公司（以下简称建筑公司）与被告×××房地产开发有限公司（以下简称开发公司）签订建筑工程施工合同建设石家庄煤矿机械厂第一生活区危改工程 9、10 号住宅楼。该合同约定，乙方以包工包料对工程进行总承包。总建筑面积为 6 900 m^2，每平方米造价 1 520 元，总工期 256 天，开工日期为 2010 年 4 月 20 日，竣工日期为 2010 年 12 月 31 日；工期如果延误或提前，每日按实际结算工程总价款的 1.5%给付违约金或奖励；工程质量等级定为优良。如仅达到合格标准，按实际结算工程总价的 3%罚款；如达到市优，奖励工程总价的 2%；如达到省优，奖励工程总价的 3%。该合同履行中原告建筑公司未按期限竣工，共延误工期 122 天，且工程质量未达到优良：经建设单位、施工单位、监验人石家庄市建筑施工管理处质安科以及认证单位石家庄市建筑工程质量监督站共同验收该工程为合格工程。双方经对合同约定建筑工程和增项工程结算，确认该工程实际结算价款为 6 158 621.30 元。此时，被告开发公司已实际支付工程款 5 785 294.12 元，与决算工程款相差 273 227.16 元。原告建筑公司向被告开发公司催要该款。被告开发公司称根据合同约定，应扣除原告方因工程质量未达到优良的罚款 114 930.26 元，延误工期违约金 701 930.26 元，两项合计 816 860.52 元。实际上被告方已经不欠原告方工程款，而原告方还欠被告方违约金 443 633.34 元。为维护双方的合作关系，被告方提出调解意见：只扣除原告方质量罚金 114 930.26 元和违约金 258 296.92 元。这与相差的

373 277.18 元工程款相抵；对剩余的 443 633.34 元违约金，被告方不再主张。原告方未同意该调解意见。

2011 年 8 月 18 日，原告建筑公司诉被告开发公司拖欠工程款 373 227.18 元，要求被告支付该欠款及利息。被告开发公司答辩称：原告方工程质量未达到合同约定的优良标准，且未按期竣工，按合同约定应扣除质量罚款及违约金，两相抵扣，被告不欠原告的工程款，而原告还欠被告的违约金，对此违约金，被告方保留追偿的权利。

法院认为，被告开发公司关于工程质量问题和违约金问题的答辩意见符合反诉的特征，被告只有提起反诉，法院才能与本案一并审理。结果被告开发公司为使自己的合法权益不被侵害，只得按法院要求，提起反诉。

引导问题 1：阅读以上案例，回答以下问题：

1. 列出引例 1 中该类纠纷属于哪类纠纷。

____

____

____

2. 纠纷解决方式有几种？引例 1 用的是哪类解决方式？

____

____

____

3. 引例 1 属于哪类诉讼？列出诉讼相关程序。

____

____

____

____

引例 2

A 建筑公司是甲省的一家建筑施工企业。2013 年，A 建筑公司参与了乙省的某大型基础设施建设项目的投标。为了能够在竞争中胜出，A 建筑公司提出了由自己垫付建设资金的优惠条件。经过多方努力，2013 年 5 月 12 日，A 建筑公司收到了建设单位发来的中标通知书。为了集中精力完成主体工程建设，A 建筑公司经建设单位同意，将劳务作业分包给了 B 建筑公司。分包合同的签订主要采用的是 2013 年建设部、国家工商行政管理总局颁发的《建设工程施工劳务分包合同（示范文本）》，其中对于为职工办理意外伤害保险的条款未作修改。2015 年 12 月 1 日，B 建筑公司要求 A 建筑公司为其施工现场的从事危险作业人员办理意外伤害险，遭到了 A 建筑公司的拒绝。

其理由是《建设工程施工劳务分包合同（示范文本）》第 15.4 款规定："劳务分包人必须为从事危险作业的职工办理意外伤害保险，交付保险费用"，因此，不应该由 A 建筑公司承担。2016 年 1 月 13 日，建设单位以 A 建筑公司垫付建设资金违反了住建部、国家计委、财政部下发的《关于严格禁止在工程建设中带资承包的通知》，请求按照无效合同处理，也不予支付工程款。

引导问题 2：阅读以上案例，回答以下问题：

1. 引例 2 属于哪类纠纷？可否采用仲裁方式解决纠纷？

____

____

____

2. 请将仲裁程序相应要求补充完整。

（1）申请与受理

____

____

____

（2）组成仲裁庭

____

____

____

（3）仲裁审理

____

____

____

（4）执行

____

____

____

3. 引例 2 涉及纠纷应如何解决？

____

____

____

____

相关测试

不定项选择题

1. 建设工程纠纷仲裁解决时，以下不正确的论述是（　　）。
   A. 当事人申请仲裁后，可以自行和解
   B. 仲裁庭作出裁决前，可以先行调解
   C. 仲裁庭调解达成协议的，仲裁庭应该制作调解书，不再制作裁决书
   D. 调解书与裁决书具有同等法律效力
2. 下列关于和解的说法正确的是（　　）。
   A. 能够较为经济，较为及时地解决纠纷
   B. 纠纷的解决有第三方的介入，其身份没有限制，但最好为双方所信任
   C. 有利于消除合同当事人的对立情绪，维护双方的长期合作关系
   D. 达成的协议不具有强制执行的效力，其执行依靠当事人的自觉履行
3. 和解与调解相比较，其主要区别是（　　）。
   A. 是否能够经济及时地解决纠纷
   B. 纠纷的解决有无第三方介入
   C. 是否有利于维护双方的合作关系
   D. 达成的协议是否具有强制执行的效力
4. 下列各项中，关于仲裁过程中的证据提供收集和应用，说法正确的是（　　）。
   A. 证据的提供应该由公安或者检察部门负责
   B. 仲裁庭认为有必要收集的证据，经当事人同意，可以收集
   C. 仲裁庭对专门性问题认为需要鉴定的，可以交由当事人约定的鉴定部门鉴定，也可以由仲裁庭指定的鉴定部门鉴定
   D. 当事人认为需要的，可以向鉴定人直接提问
5. 下列中有强制执行效力的有（　　）。
   A. 和解协议　　B. 调解协议
   C. 仲裁庭调解书　　D. 法院在执行中当事人的和解协议
6. 具有一次性决定效力的是（　　）。
   A. 和解　　B. 调解
   C. 仲裁　　D. 诉讼
7. 仲裁庭做出的调解书经双方当事人（　　）即发生法律效力。
   A. 签收后　　B. 签收 7 天后
   C. 签收 15 天后　　D. 签收 30 天后

8. 仲裁庭的裁决书自（　　）发生法律效力。

A. 作出之日　　B. 作出之日起 7 天后

C. 作出之日起 15 天后　　D. 作出之日起 30 天后

9. 被告在收到起诉状副本之日起 15 天内提出答辩状。被告不提出答辩状的，（　　）。

A. 人民法院不得开庭审理　　B. 人民法院可判决被告败诉

C. 不影响人民法院的审理　　D. 人民法院可以缺席审理

10. 地域管辖的一般原则是（　　）。

A. 原告就被告

B. 被告就原告

C. 以当事人所在地的人民法院管辖

D. 以诉讼标的所在地人民法院管辖

引例 3

2015 年 1 月初，A 省电子公司（以下简称电子公司）欲在 B 市主干道上修建一幢儿童乐园大楼，向 B 市城市管理委员会和 C 区城市管理委员会提出申请。市、区城管会分别签署了“原则同意，请规划局给予支持，审定方案，办理手续”的意见。电子公司将修建计划报送 B 市规划局审批。在计划尚未审批，没有取得建设工程规划许可证的情况下，于 1 月 6 日擅自动工修建儿童乐园大楼。2015 年 3 月 9 日，市规划局和市、区城管会的有关负责人到施工现场，责令其立即停工，并写出书面检查。电子公司于当日做出书面检查，表示愿意停止施工，接受处理。但是实际并未停止施工。

2015 年 3 月 20 日，市规划局根据《中华人民共和国城乡规划法》第四十条、第六十四条，《A 省关于〈中华人民共和国城乡规划法〉实施办法》第二十三条、第二十四条的规定，作出违法建筑拆除决定书，限定电子公司在 2015 年 4 月 7 日前自行拆除未完工的违法修建的儿童乐园大楼。电子公司不服，向 A 省城乡建设环境保护厅申请复议。A 省城乡建设环境保护厅于 2015 年 4 月 19 日作出维持 B 市城市规划局的违法建筑拆除决定。在复议期间，电子公司仍继续施工，致使建筑面积为 1 730 m^2 的六层大楼基本完工。电子公司对复议不服，即向 B 市中级人民法院提出行政诉讼，请求法院撤销市规划局限期拆除房屋的决定。

引导问题 3：阅读以上案例，回答以下问题：

1. 引例 3 属于哪类纠纷？引发原因是什么？

____

____

____

2. 行政强制、复议、诉讼有哪些规定?

3. 本案的争论焦点是什么? 应如何解决?

引例 4

2010 年 4 月 19 日，A 公司作为发包单位、B 公司作为承包单位，签订施工总包合同一份，约定：A 公司将某住宅小区工程项目发包给 B 公司承建；2011 年 5 月，B 公司将第一期工程交付给 A 公司。后由于所交付的房屋出现雨后墙面、地下室等渗水现象，A 公司指出 B 公司交付的第一期工程存在渗水、漏水等质量问题，并提出相应整改意见。其中与本案相关的 1 号 101 室有多次渗水报修的记录，另该房屋与 2 号 1 02 室伸缩缝之间有建筑垃圾。

2015 年初，第一期工程项目中的 1 号 101 室业主和 2 号 102 室业主以 A 公司所售房屋存在渗水等质量问题，造成房屋内装修损害为由，分别向法院提起诉讼，要求 A 公司赔偿装修损失，A 公司分别向两户业主作出了赔偿。现 A 公司以 B 公司施工存在质量问题为由，提起诉讼，请求判令 B 公司承担因房屋施工质量问题造成 A 公司赔偿的装修损失及承担本案诉讼费。

在 A 公司与上述两户业主的诉讼过程中，双方对 1 号 101 室及 2 号 102 室的装修损坏原因未申请鉴定，A 公司确认系房屋渗水等质量问题导致；对于装修损失的具体数额，双方亦未申请评估。

在一审审理期间，根据 B 公司的申请，法院委托上海市室内装饰质量监督检验站对本案诉争的两套房屋是否存在质量问题以及房屋质量问题形成的原因进行鉴定。鉴定中，该 2 套房屋业主不配合，致使鉴定未果。

审理中，双方当事人确认，本案诉争房屋于 2011 年竣工交房后发生渗水，分别于 2011 年、2012 年、2014 年进行维修，在 2014 年进行维修时发现房屋伸缩缝有建筑垃圾，遂对其予以清除进行维修，之后再未发生渗水。

引导问题 4：阅读以上案例，回答以下问题：

1. 常见建设工程纠纷有哪些？

2. 纠纷的一般解决方式有哪些？

3. 本案的争论焦点是什么？应如何解决？

四、任务评价

1. 此次任务完成中存在的主要问题有哪些？

2. 问题产生的原因有哪些？

请提出相应的解决方法：

3. 您认为还需加强哪方面的指导（实际工作过程及理论知识）？

五、拓展训练

请就某工程纠纷提出法律建议书。

学习情境二　建设工程许可法律实务

任务五　建筑市场主体资格准入申请

一、任务描述

你所在的市政工程施工企业打算在本年度申报市政工程施工总承包特级资质。该企业现有12名专业技术人员，分别打算申报注册结构工程师、注册监理工程师、注册造价工程师、注册咨询工程师、注册建造师执业资格。请根据每个人的具体情况，帮助他们完成执业注册与申报，同时完成该次企业资质申报的相关法律资料和法律建议书。

二、学习目标

（1）按照正确的方法和途径，落实建筑企业资质和个人执业资格申报条件，收集相关法律资料；

（2）依据资料分析结果，确定该次相关申报工作步骤；

（3）按照申报工作时间限定，完成该次申报法律建议书和相关纠纷处理；

（4）通过完成该任务，提出后续工作建议，完成自我评价，并提出改进意见。

三、任务实施

引例1

2010年1月3日，A市建新机场引桥在浇灌过程中垮塌，致7死34伤。吉林省松原市宁江区B劳务服务有限公司被罚30万元后，因不服处罚状告A市安全生产监督管理局。13日A市盘龙区法院对此案作出一审判决：A市安监局作出的行政处罚并无不当之处，驳回劳务公司的诉请。法院认定，原告作为劳务分包企业签订劳务协作合同书时，使用了虚假的建筑业企业资质证书及建筑施工企业安全生产许可证，且获得工程后没有履行安全生产管理职责，使用了有质量问题的材料等，其对事故的发生确实负有责任。A市安监局的处罚事实清楚，证据确凿，适用依据正确，程序合法。

引例2

A市建委在对该市外进建筑业企业备案情况进行检查中发现，部分外进建筑业企业仍未按照相关规定办理资质备案手续。市建委近日根据《A市外进建筑业企业备案管理暂行办法》等法规，对未在规定期限内办理备案手续的 27 家外进建筑业企业作出了停止在 A 市地区参与投标活动的处罚，并将这些企业拒不办理企业资质备案的行为记入了该企业诚信档案。此外，由于 A 市铁路局房地产开发公司开发某住宅小区工程，擅自将部分专业承包工程分包给没有办理外进企业备案手续的外进企业，决定对 A 市铁路局房地产开发公司予以通报批评，不良行为记入该企业的诚信档案。

引导问题 1：阅读引例 1、引例 2，回答相关问题。

1. 什么是建筑企业资质管理？可能对企业建筑经济行为造成什么影响？

2. 建筑企业资质申办涉及哪些工作程序？

3. 建筑企业资质管理可能产生哪些纠纷？

引导问题 2：建筑业企业资质分为哪些资质等级？

引导问题 3：按照企业资质标准填写表 5.1。

表 5.1　建筑企业资质及成工程范围

企业类别	资质等级	承包工程范围
施工总承包企业（12 类）	特级	
	一级	
	二级	
	三级	
专业承包企业（60 类）	一级	
	二级	
	三级	
劳务分包企业（13 类）	一级	
	二级	

引导问题 4：按照企业资质标准，下列表述正确吗？如有错误，请做相应修改。

施工特级资质必须达到以下标准：

1. 企业资信能力。

（1）企业注册资本金在 2 亿元以上。（　　）

（2）企业净资产在 3.6 亿元以上。（　　）

（3）企业近三年上缴建筑业营业税均在 4000 万元以上。（　　）

（4）企业银行授信额度近三年均在 4 亿元以上。（　　）

2. 企业主要管理人员和专业技术人员要求。

（1）企业经理具有 10 年以上从事工程管理工作经历。（　　）

（2）技术负责人具有 10 年以上从事工程技术管理工作经历，且具有工程序列高级职称及一级注册建造师或注册工程师执业资格；主持完成过三项及以上施工总承包一级资质要求的代表工程的技术工作或甲级设计资质要求的代表工程或合同额 1 亿元以上的工程总承包项目。（　　）

（3）财务负责人具有高级会计师职称及注册会计师资格。（　　）

（4）企业具有注册一级建造师（一级项目经理）30 人以上。(　　)

（5）企业具有本类别相关的行业工程设计甲级资质标准要求的专业技术人员。(　　)

3. 科技进步水平。

（1）企业具有省部级（或相当于省部级水平）及以上的企业技术中心。(　　)

（2）企业近三年科技活动经费支出平均达到营业额的 0. 3%以上。(　　)

（3）企业具有国家级工法 3 项以上：近五年具有与工程建设相关的，能够推动企业技术进步的专利3项以上，累计有效专利8项以上，其中至少有一项发明专利。(　　)

（4）企业近十年获得过省级科技进步奖项或主编过工程建设国家或行业标准。(　　)

（5）企业已建立内部局域网或管理信息平台，实现了内部办公、信息发布、数据交换的网络化；已建立并开通了企业外部网站；使用了综合项目管理信息系统和人事管理系统、工程设计相关软件，实现了档案管理和设计文档管理。(　　)

（6）近五年承担过下列 5 项工程总承包或施工总承包项目中的 3 项，工程质量合格。

① 高度 100 m 以上的建筑物。(　　)

② 30 层以上的房屋建设工程。(　　)

③ 单体建筑面积 3 万平方米以上房屋建设工程。(　　)

④ 钢筋混凝土结构单跨 30 m 以上的建设工程或钢结构单跨 36 m 以上房屋建设工程。(　　)

⑤ 单项建安合同额 2 亿元以上的房屋建设工程。(　　)

引导问题 5：申请综合资质，应当向哪个行政部门提出申请？

____

____

引导问题 6：首次申请或者增项申请建筑业企业资质，分别应当提交哪些材料？

1. ______________________________
2. ______________________________
3 ______________________________
4. ______________________________
5. ______________________________
6. ______________________________
7. ______________________________
8. ______________________________

9. ____

10. ____

引导问题 7：取得建筑业企业资质的企业，申请资质升级、资质增项，在申请之日起前一年内不得存在哪些情形？

1. ____

2. ____

3 ____

4. ____

5. ____

6. ____

7. ____

8. ____

9. ____

10. ____

11. ____

12. ____

引导问题 8：下列对资质审核的表述正确吗？如有错误，请做相应修改。

1. 审核总时限：从受理建筑企业的申请之日起，60 日内完成初审。(   )

2. 受理条件：

（1）申请单位向建设主管部门提交企业资质申请报告（申请铁道、交通、水利、信息产业、民航、消防等方面资质的企业除外）。(   )

（2）接到企业资质申请报告后，经初步询问和检验，即发给《建筑企业资质审核表》。(   )

（3）企业申报单位携带如下资料，到建委企业科注册：《建筑业企业资质申请表》一式四份，企业法人营业执照正副本原件，原资质证书原件；企业章程；企业法人代表、经理、技术、财务、经营负责人的任职文件、简历和职称证件；企业在职工程、技术和经济管理人员的职称证件及身份证；企业验资报告；企业办公地址证明；企业完成代表工程及质量安全评定资料；工程合同及验收证明，新办企业除外；企业上年度和本年度财务决算报表，新办企业除外。(   )

（4）按照受理标准查验申办材料。

申办材料符合受理标准的，给予申办人受理单，填写审批流程表，同时将申办材料附件与原件逐一核对，在原件上盖章确认后将原件即日退还申办人。通知申办人登录所在地建管网，按标准填写完成相应网上数据信息。(   )

对申办材料不符合标准的不予受理，但必须及时将需要补齐、补正材料的全部内容要求及申办人的相关权利、投诉渠道以口头形式一次性告知申办人。(　　)

时限：5 个工作日内完成。(　　)

（5）按照审核标准进行审核，区、县建委初审后，在《建筑业企业资质申请表》相应栏目内填写审核意见并加盖本单位公章，填写审批流程表，送上级建委建筑业管理处复审人员。时限：自收到受理的书面资料和网络完整信息起 15 个工作日内完成。(　　)

3. 初审标准：工商执照、职称人员职称证件、工程业绩、财务及统计报告等资料齐全、规范、真实有效。网络申办信息材料齐全、规范、有效、真实。(　　)

4. 工作标准：对申报单位提供的各类资料复印件进行审核；对企业的财务统计报表及工程业绩进行考查。（　　）

引导问题 9：哪些行政部门对相应的行业资质进行监督管理？他们可行使哪些权利？

____

____

____

____

____

____

____

____。

引导问题 10：检查本次资质申请所需资料是否齐全？完成表 5.2 的填写。

表 5.2　申报资料清查表

申报资料清单（对照法定内容及格式要求）	完成时间	责任人	任务完成则划“√”
			□
			□
			□
			□
			□
			□
			□
			□

引导问题 11：确定本次申报的工作流程。

引导问题 12：完成本次申报的法律意见书。

1. 申办须知

2. 权利要求

3. 本次资质证书的有效期及效力

4. 资质证书的续期

5. 资质证书查询与变更

6. 风险防范

引例 3①

陕西省A县A中学教学楼工程由榆林市B区规划设计院设计(项目负责人宋某)，C市建筑工程总公司施工（项目经理杜某），于2010年7月6日开工，2011年10月31日竣工验收，2012年4月4日正式投入使用。该工程为5层外廊式砖混结构，建筑面积3 535 m^2，楼层为预应力多孔板混凝土梁结构。6月5日，校方发现部分大梁及五层多功能厅、阶梯挑梁出现不同程度的裂缝，最宽处达1.5 mm左右。经省质量安全监督总站组织省设计院、省检测中心专家对事故进行全面分析鉴定，并经住建部建筑管理司质量技术处、勘察设计司技术质量处负责同志现场察看，一致认为，造成质量事故的主要原因是：施工图设计文件未严格按该地区6度抗震设防的规定进行设计，结构体系不合理，整体性差，构造措施不符合要求；施工单位施工的混凝土梁不能满足设计混凝土强度等级的要求，梁的质量不均匀，离差太大。2013年8月3日，陕西省住房和建设厅就这起事故的处理情况发出了《关于A中学教学楼质量事故的通报》，对有关责任单位和责任人做出了严肃处理。

1. 对事故主要责任方榆林市B区规划设计院责令停业整顿，整顿经榆林市建设局验收合格后，方可承接新的设计任务。收回该项目设计负责人宋某二级注册建筑师资格证书，5年内不得承担设计任务。

2. 对事故次要责任方C市建筑工程总公司黄牌警告，收回项目经理杜某三级项目经理资格证书，1年内不得担任施工项目经理。

3. 对未认真履行建设单位职责、向C市建筑工程总公司介绍不符合条件的联营单位，并对事故负有一定责任的A中学，由A县委、县政府调查处理。

4. 对既无施工企业资质又无企业法人营业执照的A县东关建筑队，由A县政府依法处理。

5. 对在质量监督过程中把关不严的A县质监站予以通报批评。

6. 事故造成的经济损失，待加固结束后由榆林市建设局根据各方责任大小另行处理。

引导问题13：阅读引例3，回答相关问题。

1. 我国实行建筑专业人员执业资格制度的目的是什么？

---

① 朱宏亮. 建设法规. 2版. 武汉：武汉理工大学出版社，2003.

2. 执业人员执业应满足哪些要求？遵循哪些原则？

相关链接

专业人员执业资格制度

《建筑法》第 14 条规定："从事建筑活动的专业技术人员，应当依法取得相应的执业资格证书，并在执业资格证书许可的范围内从事建筑活动。" 在我国，对建筑业专业技术人员实行执业资格制度。我国目前在建筑业实行执业资格制度的专业技术人员包括：注册建筑师、注册结构工程师、注册监理工程师、注册造价工程师、注册咨询工程师、注册建造师等。

建筑业专业技术人员不同岗位的执业资格存在许多共同点：1. 均需要参加统一考试；2. 均需要注册；3. 均有各自的执业范围；4. 均须接受继续教育。这些共同点是宏观范围上的相同点，它们还有许多微观范围的相同点，例如，不得同时应聘于两家不同的单位等。（这些具体的相同点在相应的法规或者办法中都有详细的规定。它们也是我国建筑业专业技术人员执业资格的核心内容。）

引导问题 14：注册建造师的报考条件有哪些？

引导问题 15：申请注册建造师存在哪些情形，将不予注册？

引导问题 16：申请注册建造师，需准备哪些资料？

____

____

____

____

引导问题 17：下列对注册建造师的执业表述哪些是错误的，请予以改正。

1. 注册建造师的执业范围包括：从事建设工程项目总承包管理或施工管理，建设工程项目管理服务，建设工程技术经济咨询，以及法律、行政法规和国务院建设主管部门规定的其他业务。（　　）

2. 取得资格证书的人员应当受聘于一个具有建设工程勘察、设计、施工、监理、招标代理、造价咨询等一项或者多项资质的单位，就可从事相应的执业活动。（　　）

3. 担任施工单位项目负责人的，可受聘于任何一个建筑企业。（　　）

4. 注册建造师的具体执业范围可与受聘单位协商执行。注册建造师在得到受聘单位的同意后可同时在两个及两个以上的建设工程项目上担任施工单位项目负责人。（　　）

5. 建设工程施工活动中形成的有关工程施工管理文件，应当由注册建造师签字并加盖执业印章。施工单位签署质量合格的文件上，必须有注册建造师的签字盖章。（　　）

引导问题 18：注册建造师有哪些权利和义务，填写表 5.3。

表 5.3　注册建造师权利义务对照表

权利	义务

引例 4

原告甲某与被告乙某于 2003 年 10 月 16 日签订“建房协议书”一份。约定，甲某为乙某承建厂房，地点为沈阳市于洪区杨士乡大堡村，包工不包料。按实际米数 45 元/m^2，分三次付清，房屋保修费 5 000 元整，房屋竣工后 2 个月验收合格后付清。厂房长约 35 m，宽 12 m，高 4 m，南窗 10 个，北窗 6 个，门 2 个，厂房结构砖混三七墙，里 J'l-t 缝，水泥地面，梯角线房顶防水，地基深 1 m，地梁、圈梁；墙内墙、小仓库由原告负责拆除；工期为从签订之日起 15 日。合同签订后，甲某按约定拆除了原有的院墙、小仓库，承建厂房，施工至同年 11 月中旬，撤出工地。在撤出工地时，甲某基本完成了约定的工程量，只未能进行屋顶防水及水泥地面。甲某已承建的房屋面积为 420 m^2，劳务费按约定每平方米 45 元计算，总计人工费 18 900 元。乙某在施工过程中，以借款形式已向甲某支付人工费 10 150 元。2005 年 1 月，甲某以要求给付尚欠工程款为由，诉至沈阳市于洪区人民法院。

引导问题 19：阅读引例 4，回答以下问题：

1. 乙某与甲某签订的建房协议是否有效，为什么？

____

____

____

____

2. 该案应如何处理？

____

____

____

____

引导问题 20：请根据需申请人员具体情况，提交一份法律建议书。

1. 二级注册结构工程师

____

____

____

____

____

2. 注册监理工程师

____

____

____

____

3. 注册造价工程师

4. 注册咨询工程师

5. 一级注册建造师

四、任务评价

1. 此次任务完成中存在的主要问题有哪些？

2. 问题产生的原因有哪些？

3. 请提出相应的解决方法：

4. 您认为还需加强哪方面的指导（实际工作过程及理论知识）？

____

____

____

____

____

五、拓展训练

热点论坛

《建筑师资格证书》等资质挂靠火爆背后——“双赢”利益链条藏风险

作者：冯立华

近年来由于各类资质考试兴盛一时，一些“精明人”考取了建筑行业的资格证书用来出租，各个建筑单位也需要这些具有资质的人员在工作中实际担任重要岗位。建筑行业的这些资格证书，为那些没有能力雇佣专业人才却想正常营业的公司开辟了一条新的“捷径”——用证书代替资质。那些“精明人”考取资格证书后甚至在网上明码标价公开叫卖，开展了租赁证书业务。表面上，买卖双方实现了“双赢”，殊不知，这种看似公平的资质挂靠、出租、出借的关系下却存在着法律风险。

暗访：出租证书赚外快　网上叫卖受欢迎

孙先生是2008年考取的二级建造师资格证书，当时考试费、培训费、教材费等费用共花费了1 500多元。此外，因为准备考试前前后后复习了2个多月的时间。后来听朋友说，若将证书出租，就能很快赚取一笔可观的收入。于是，孙先生在百度上发了帖子，并留下了自己的手机号、QQ号。很快，某建筑安装公司联系上了孙先生，要租用他的证书，并答应孙先生在相关部门成功注册后就可以每年给其6 000元作为报酬。孙先生尝到了甜头之后，又考取了造价师证书，并以3年5.5万的价格租给某企业。

据孙先生介绍,租赁证书的交易一般是通过网上查询或是通过朋友介绍暗自交易，已经渐渐公开化，成了某些行业的潜规则。房产经纪人执业证书、二级建造师资格证书、造价师证书、项目工程师证书……这些专业证书，目前正在同商品一样被用来买卖、租借。

随后，记者在百度中输入了关于挂靠证书的关键词，发现很多网页、帖子纷纷而至。“现急需一级注册建筑师证书挂靠，2人。挂靠地点：河北唐山。费用：2年一次性付清。具体数额：根据市场行情双方协商。收到信息后，我将第一时间与您联系，谢谢”，“我们是一家专业建筑猎头服务公司。我公司业务面覆盖全河北省，长期致力于为企业寻找及挖掘具有相关证件的挂靠或工作人才”……同时记者发现，几乎每个帖子的内容下面都有人询问价格、联系方式等。持证人从中赚取了一部分可观的外快，而那些企业可以顺利经营项目、降低成本，这种“双赢”的买卖，交易十分火爆。

成因：市场背后的“潜规则”

各式各样的专业证书，为一些没有能力雇佣专业人才，却想正常营业的公司开辟了一条新的“捷径”——用证书代替资质。开办一家公司需要数张资格证书，但是真正能考到证书的人是少数的。一些小公司根据自身的财力现状没办法雇佣到那么多的专业人才，就只能用租赁证书的办法，满足营业的需求。孙先生分析说：“租赁证书的确是‘双赢’的买卖。企业降低了成本，我们这些有资格证的人费劲考了证书放着不用也是可惜，租出去还能挣钱。”

某建筑安装公司的张经理告诉记者：“我们也知道租赁别人的证书不好，但是实在没办法。我们厂子先后组织工人参加二级建造师考试已经 3 年了，每次都有 5 个人参加考试，花费了近两万元，但是工人的整体水平较低，没有一个人顺利通过考试。我们不得已才选择了这个简单的方式。就算有人顺利拿到了二级建造师的资格证书，还要给工人升职为项目经理，加薪，养老保险、医疗保险等待遇都要提高，多出来的费用远远高于租赁证书的费用。”

此外，记者还发现，随着租赁证书市场日益火爆，相关证书培训机构也进入了人们的视线。一些资格证书培训机构在广告语中频频承诺“考试包过”，并提供“证书挂靠”的一系列服务。

法律风险：解除租证合同，需要有技巧

本市某家具有建设施工资质的单位，挂靠了 3 名项目经理，王先生就是其中一名，因王先生有一份比较理想的外企工作，就将项目经理资质证书以每年 5 000 元的价格租借给该公司，该公司因得益于挂靠了 3 名有资质的项目经理，才有资格参加大型招标会，承揽了不少工程。今年年初，王先生看到网上有很多招募挂靠项目经理资质的企业，报酬不菲，打算换一家公司挂靠。他多次找到企业，要求将项目经理资质马上调出，请企业在调出申请上签字并盖章，同时，结算清全部的租金。企业一时找不到合适的项目经理顶替王先生，又因已参加了招投标，其中也有王先生的资质情况的详述，若王先生突然离开，势必会给企业一个措手不及的打击，企业领导采取了久拖不办的方式，躲着不给盖章。无奈，王先生欲将此事起诉至法院，法院认为王先生的主张不属于法院受诉范围，不予受理；王先生又提出劳动仲裁，但劳动仲裁单位以王先生并未与该公司形成正式劳动合同关系，双方是资质租赁合同关系，也不属于劳动仲裁的受诉范围。最终，只有待该企业找到了合适的项目经理顶替王先生的时候，王先生才得以将资质调出，但已经错过了合适的单位接收。这一番波折，让王先生明白了不能随便出租资质，更不能随便转调资质。虽然因出租资质有了一定的经济收入，但

明显是不能摆到台面上的收入，出现纠纷后不管是出租资质方还是承租资质方都不能顺利通过司法途径维权。

河北某律师事务所的封律师指出，根据住建部《建筑施工企业项目经理资质管理办法》第三十一条明确规定：“伪造、涂改、出卖或转让《建筑施工企业项目经理资质证书》、《全国建筑施工企业项目经理培训合格证》的，由企业所在地建设行政主管部门视情节轻重分别给予警告、扣留资质证书（或培训合格证书）、罚款或取消资质的处罚。”《建筑法》第十四条规定：“从事建筑活动的专业技术人员，应当依法取得相应的执业资格证书，并在执业资格证书许可的范围内从事建筑活动。”本案中王先生与该企业的做法明显都是违法行为。同时，封律师还表示当前在建筑领域出租、出借资质情况相当普遍，在建筑工伤纠纷、招投标合同纠纷、承揽合同纠纷中尤为突出，由个人资质的出租已演变成了单位专项资质的挂靠、出租、出借，用以收取挂靠费和租金，致使企业或个人承担了更大的法律风险。这些所谓的资质挂靠、资质出租，严重违反了诚实信用原则；更有甚者，以“拉大旗做虎皮”的手段，规避法律规定的强制性规定，逃避债务、风险及税收，破坏国家市场经济平衡协调作用。因此，各行各业都应主动杜绝这种资质中介行为，增强法律风险防范意识，更好地维护自身权益。

问题：

你如何看待这种现象？对此，你有哪些应对措施？

任务六　获取城市规划与建设用地许可

一、任务描述

你所在一家建筑企业欲就金强大学城商业街进行打造，你必须在 2015 年 7 月 1 日前获取该项目的城市规划和建设用地许可。

二、学习目标

（1）按照正确的方法和途径，落实申报条件，收集相关法律资料；

（2）依据资料分析结果，确定该次建设用地、选址意见、建设用地规划、建设工程规划等许可申报工作流程；

（3）按照本次任务时间限定，完成该次任务法律建议书和相关纠纷处理；

（4）通过完成该任务，提出后续工作建议，完成自我评价，并提出改进意见。

三、任务实施

引例 1

2008 年 1 月初，A 省电子公司（以下简称电子公司）欲在 B 市主干道上修建一幢儿童乐园大楼，向 B 市城市管理委员会和 C 区城市管理委员会提出申请。市、区城管会分别签署了“原则同意，请规划局给予支持，审定方案，办理手续”的意见。电子公司将修建计划报送 B 市规划局审批。在计划尚未审批，没有取得建设工程规划许可证的情况下，于 1 月 6 日擅自动工修建儿童乐园大楼。2008 年 3 月 9 日，市规划局和市、区城管会的有关负责人到施工现场，责令其立即停工，并写出书面检查。电子公司于当日做出书面检查，表示愿意停止施工，接受处理。但是实际并未停止施工。

2008 年 3 月 20 日，市规划局根据《中华人民共和国城乡规划法》第四十条、第六十四条，《A 省关于〈中华人民共和国城乡规划法〉实施办法）》第二十三条、第二十四条的规定，作出违法建筑拆除决定书，限定电子公司在 2008 年 4 月 7 日前自行拆除未完工的违法修建的儿童乐园大楼。电子公司不服，向 A 省城乡建设环境保护厅申请复议。A 省城乡建设环境保护厅于 2008 年 4 月 19 日作出维持 B 市城市规划局的违法建筑拆除决定。在复议期间，电子公司仍继续施工，致使建筑面积为 1 730 m^2 的六层大楼基本完工。电子公司对复议不服，即向 B 市中级人民法院提出行政诉讼，请求法院撤销市规划局限期拆除房屋的决定。

引导问题 1：阅读该案例讨论以下问题：

1. 建设用地涉及哪些相关知识？

2. 什么是城市规划，对建设工程程序会产生什么影响？

3. 申办城市规划许可涉及哪些工作内容和工作程序？

引导问题 2：什么是选址意见书？如何获取？

引导问题 3：什么是建设用地规划许可？如何获取？

引导问题 4：什么是建设工程规划许可？如何获取？

引导问题 5：以上几项许可在申办程序上，有无先后之分？

相关链接

建设用地与建设规划许可证

中华人民共和国

建设用地规划许可证

中华人民共和国

建设用地规划许可证

根据《中华人民共和国城乡规划法》第三十七、第三十八条规定，经审核，本用地项目符合城乡规划要求，颁发此证。

遵守事项

中华人民共和国住房和城乡建设部监制

中华人民共和国

建设工程
规划许可证

中华人民共和国住房和城乡建设部监制

中华人民共和国

建筑工程规划许可证

长规 建字第　　　　号

根据《中华人民共和国城乡规划法》第四十条规定，经审查，本建筑工程符合城乡规划要求，颁发此证。

发证机关

日　期

建设单位（个人）	长沙市某某物业有限公司
建设项目名称	“某某某某”居住小区
建设位置	长沙市雨花区某某路
建设规模	地下四一层，总建筑面积100000平方米

附图及附件名称

申请，计划，土地证复印件，地形图，定线报告单，

总平面图，国有土地使用权出让变更协议，

遵守事项

一、本证是经城乡规划主管部门依法审核，建设工程符合城乡规划要求的法律凭证。
二、未取得本证或不按本证规定进行建设的，均属违法建设。
三、未经发证机关许可，本证的各项规定不得随意变更。
四、城乡规划主管部门依法有权查验本证，建设单位（个人）有责任提交查验。
五、本证所需附图与附件由发证机关依法确定，与本证具同等法律效力。
六、凭本证申请办理工程施工许可证手续，工程竣工后申请办理《建设工程竣工规划验收合格证》。
七、本证不能办理产权登记手续。

引例 2

A 省电子公司打算新建一座 20 000 m^2 的办公楼，于 2010 年 10 月初向 A 省国土资源管理厅申请：征用 A 省 B 市郊区的一块农用耕地。于 2011 年 3 月获得了 A 省国土资源管理厅的批准，2011 年 4 月 A 省电子公司动土开工，进行办公楼的施工。2011 年 7 月国家国土资源管理部检查时发现，A 省电子公司办公楼工程的土地审批不符合规定，要求全面停建。A 省电子公司不服，于 2011 年 10 月向 A 省高级法院提出了诉讼。

引导问题 6：阅读该案例讨论以下问题：

1. 建设用地申办涉及哪些程序？

____

____

____

____

2. 该案例中建设用地的取得是否合法？

____

____

____

____

3. 该案件应如何处理？

____

____

____

____

____

引例 3

2012 年 1 月 8 日，A 市规划局向京剧院核发了 A 规建基〔2012〕15 号建设工程（地下建筑部分）规划许可证，许可京剧院在 A 市东平路 9 号建造艺术家公寓的地下部分。规划许可证载明以下内容。经审核，规划许可下列建筑工程（地下建筑部分），特发此通知。

建设单位：京剧院；建设地址：某区东路 49 号；建设工程项目：艺术家公寓；建筑物名称：艺术家公寓；桩基结构：灌注桩，规格：+600 mm，根数：179；地下室结构：剪力墙，深度为 3.9 m，面积为 966 m^2。2012 年 3 月 28 日，刘某等 48 位居民具状诉至法院，以 C 村属 A 市近代优秀建筑，市规划局批准京剧院在该建设控制地带建造高层住宅，违反《A 市城市规划条例》的有关规定。且该建筑物现已建至地面以上，严重影响居民的生活环境等为由，请求撤销该许可。

引导问题 7：艺术家公寓项目建设是否存在违法之处？A 市规划局的行政行为是否合法？刘某等 48 位居民的权利应如何保护？

引导问题 8：请制订本次许可获取的工作计划。

引导问题 9：根据本项目要求，完成表 6.1、6.2 的填写。

表 6.1 建设用地规划许可申办工作计划表

一、项目概述		
序号	事项	
1	项目名称	
2	办理单位	
3	办理窗口	
4	办理时限	
5	收费标准及依据	
6	窗口电话	
7	投诉电话	

续表

二、法定依据	
序号	相关法规
1	
2	
3	
4	
5	
6	
7	

三、办理程序	
序号	工作内容
1	
2	
3	
4	

四、申请材料		
序号	材料名称	来源
1		
2		
3		
4		
5		
6		
7		
8		
9		
10		
11		

表 6.2　建设工程规划许可申办工作计划表

<table>
<tr><td colspan="3">一、项目概述</td></tr>
<tr><td>序号</td><td>事项</td><td></td></tr>
<tr><td>1</td><td>项目名称</td><td></td></tr>
<tr><td>2</td><td>办理单位</td><td></td></tr>
<tr><td>3</td><td>办理窗口</td><td></td></tr>
<tr><td>4</td><td>办理时限</td><td></td></tr>
<tr><td>5</td><td>收费标准及依据</td><td></td></tr>
<tr><td>6</td><td>窗口电话</td><td></td></tr>
<tr><td>7</td><td>投诉电话</td><td></td></tr>
<tr><td colspan="3">二、法定依据</td></tr>
<tr><td>序号</td><td colspan="2">相关法规</td></tr>
<tr><td>1</td><td colspan="2"></td></tr>
<tr><td>2</td><td colspan="2"></td></tr>
<tr><td>3</td><td colspan="2"></td></tr>
<tr><td>4</td><td colspan="2"></td></tr>
<tr><td>5</td><td colspan="2"></td></tr>
<tr><td>6</td><td colspan="2"></td></tr>
<tr><td>7</td><td colspan="2"></td></tr>
<tr><td colspan="3">三、办理程序</td></tr>
<tr><td>序号</td><td colspan="2">工作内容</td></tr>
<tr><td>1</td><td colspan="2"></td></tr>
<tr><td>2</td><td colspan="2"></td></tr>
<tr><td>3</td><td colspan="2"></td></tr>
<tr><td>4</td><td colspan="2"></td></tr>
<tr><td colspan="3">四、申请材料</td></tr>
<tr><td>序号</td><td>材料名称</td><td>来源</td></tr>
<tr><td>1</td><td></td><td></td></tr>
<tr><td>2</td><td></td><td></td></tr>
</table>

续表

3		
4		
5		
6		
7		
8		
9		
10		

引导问题 10：根据本项目要求，完成该次规划与用地许可申办法律意见书。

1. 申办前置条件：

2. 申办流程：

3. 申办注意事项：

4. 规划与用地许可证的主要内容：

5. 规划与用地许可证的有效期：

6. 能否变更许可内容，如何变更？

7. 风险防范：

四、任务评价

1. 此次任务完成中存在的主要问题有哪些？

2. 问题产生的原因有哪些？

3. 请提出相应的解决方法：

4. 您认为还需加强哪方面的指导（实际工作过程及理论知识）？

五、拓展训练

时事分析

随着城镇化进程的加快，一些“城市病”逐渐暴露出来，如交通拥堵、污染严重以及近年来各地普遍出现的城市内涝等。城市建筑贪大、媚洋、求怪等乱象丛生，特色缺失，文化传承堪忧；城市建设盲目追求规模扩张，节约集约程度不高；依法治理城市力度不够，违法建设、大拆大建问题突出，公共产品和服务供给不足，环境污染、交通拥堵等“城市病”蔓延加重。中共中央、国务院近日下发了《关于进一步加强城市规划建设管理工作的若干意见》(以下简称《意见》)，这是时隔37年重启的中央城市工作会议的配套文件，勾画了“十三五”乃至更长时间中国城市发展的“路线图”。《意见》强调，要依法制定城市规划，创新城市治理方式，改革城市管理体制，更好发挥法治的引领和规范作用。

问题：请对以上问题进行分析，谈谈你的建议。

任务七　工程报建与施工许可申办

一、任务描述

你所在一家建筑企业欲就金强大学城商业街进行打造，现已获取该项目的城市规划和建设用地许可。你必须在 2015 年 8 月 1 日前完成该项目的工程报建和施工许可证的办理。

二、学习目标

（1）按照正确的方法和途径，落实申报条件，收集报建与施工许可相关法律资料；

（2）依据资料分析结果，确定完成本任务的工作步骤；

（3）按照任务工作时间限定，完成本任务法律建议书和相关纠纷处理；

（4）通过完成本任务，提出后续工作建议，完成自我评价，并提出改进意见。

三、任务实施

引例 1

三无违法建筑的关公像是怎么建起来的？

近日，网传广东 A 市将拆除一座投资方自称 3 000 万元兴建的关公雕像的消息已经得到证实，原因是该铜像为“无用地手续、无规划报建手续、无建筑施工许可”的三无违法建筑，必须要拆除。（10 月 10 日《广州日报》）令人大惑不解！这么大的一个项目，而且就在高高的山顶上施工，时间跨度又长达 6 年（从 2004 年开始设计、施工，到 2009 年下半年完成主体结构和装修工程），在有关部门认定其为三无违法建筑的情况下，居然不加以阻止，任由其畅通无阻建成，事到如今，则又要下令将此拆除！

据 9 日《新华网》披露，A 市某旅游有限公司有关负责人表示，早在 2005 年，该工程曾找过城乡规划局，当时对方称不在其管辖范围。而现在又表示，巨型关公像并不属于“必要的风景点”，将军山旅游风景区所在林地应当“严禁进行其他建筑开发”，其建设对生态环境和植被已造成严重不良影响。另据 10 日《广州日报》报道，此前，该市环保局曾多次要求该景区进行环评，但景区的出租方和承包方至今没按规定进行环评。去年，A 市政府还为此事召开协调会议作出尽快补做环评的决定，但至今未得到落实。

由此可见，国土局放了个“马后炮”，当初在旅游公司没报批用地手续的情况下，对违建听之任之，待建成后再援引上述规定，严令其拆除；规划局则先是推诿后又明确表态“严禁进行其他建筑开发”；环保局算是认真干预过该工程，无奈缺乏干预力度和权威，结果不了了之；关键还在于市政府模棱两可的态度，按市政府的意思，只要施工方尽快补做环评，就能为该工程开启绿灯，不然也没必要召开协调会议了，干脆下令停止施工即可。

接下来的问题是，关公像一旦拆除，谁来为损失的 3 000 万买单？是旅游公司还是政府？应该是前者吧。如是，则旅游公司不会甘休，他们有足够的理由将政府告上法庭，告政府失察、失职、监督不力、行政不作为和滥作为，到时 A 市政府又将何以应对？拭目以待!

引导问题 1：阅读引例 1，回答相关问题。

1. 你如何看待该事件？

2. 在建设工程程序中，报建与办理施工许可处于的哪个环节？它对工程实施将产生什么影响？

引导问题 2：什么是工程报建？

引导问题 3：下面关于工程报建范围与内容的表述是否正确？如有错误，请进行补正。

1. 按照《工程建设项目报建管理办法》规定，凡在中华人民共和国境内投资兴建的工程建设项目，包括外国独资、合资、合作的工程项目，都必须实行报建制度，接受当地建设行政主管部门或其授权机构的监督管理。（　　）

2. 工程建设项目的投资和建设规模有变化时，建设单位可先自行修改设计方案，再到当地建设行政主管部门或其授权机构进行备案。（　　）

3. 筹建负责人变更时，应重新登记。凡未办理报建登记的工程建设项目，不得办理招标投标手续和发放施工许可证，勘察、设计、施工单位不得承接该项工程的勘察、设计和施工。(　　)

4. 工程建设项目的报建内容主要包括：① 工程名称；② 建设地点；③ 投资的规模；④ 资金来源；⑤ 工程规模；⑥ 开工、竣工日期；⑦ 发包方式。(　　)

引导问题 4：工程报建的基本程序有哪些？

引导问题 5：什么是工程施工许可？

引导问题 6：申请领取施工许可证应满足哪些条件？

特别提示

国家对施工图设计文件实施审查制度。由建设行政主管部门认定的施工图审查机构按照有关法律、法规，对施工图涉及公共利益、公众安全和工程建设强制性标准的内容进行的审查。施工图经审查不合格的，不得使用。

引例 2

2015 年 4 月 6 日，天津市乙建筑工程总公司第五建筑工程公司（以下简称第五建筑工程公司）与天津市甲生物工程公司（以下简称甲公司）签订了承建甲公司第 2 号车间的建筑安装工程承包合同，合同约定承包方式为包工包料，工期 122 天，预算工程价款为 3 399 980 元。合同签订后，第五建筑工程公司开始了现场施工。后天津市乙建筑工程总公司发现该工程没有立项报批且合同价款偏低，遂让第五建筑工程公司索回甲公司手里的合同文本，并对工程造价提出异议，要求重新签订合同。但甲公司坚持原合同，双方因此并没有签订新合同。

2015 年 11 月工程竣工，甲公司共给付工程款 3 107 250 元。因手续不齐全，该工程一直未领取开工证和产权证。同时双方对工程造价也意见不一。后天津市乙建筑工程总公司向法院起诉了甲公司。

引导问题 7：未领取施工许可证可以对外发包工程吗？

引导问题 8：根据本项目要求，检查本次申报所需资料是否齐全？完成表 7.1 的填写

表 7.1　报建与施工许可申报资料清查表

报建、施工许可申请资料清单（对照报建、施工许可申请文件内容及格式要求）	完成时间	责任人	任务完成则划“√”
			□
			□
			□
			□
			□
			□
			□

引导问题 9：根据本项目情况，填写表 7.2，完成报建工作

表 7.2　建设工程项目报建登记表

报建审字第　　号

<table>
<tr><td>建设单位
工程名称
建设规模</td><td colspan="2"></td><td>单位地址
建设地点
总投资</td><td></td></tr>
<tr><td>资金来源</td><td colspan="2"></td><td>拟定发包方式</td><td></td></tr>
<tr><td colspan="3">投资计划文号</td><td colspan="2"></td></tr>
<tr><td>投资许可证</td><td colspan="2"></td><td>计划开竣工日期</td><td></td></tr>
<tr><td rowspan="6">工程筹建情况</td><td colspan="2">建设用地</td><td colspan="2"></td></tr>
<tr><td colspan="2">拆　迁</td><td colspan="2"></td></tr>
<tr><td colspan="2">勘　察</td><td colspan="2"></td></tr>
<tr><td colspan="2">设　计</td><td colspan="2"></td></tr>
<tr><td colspan="2">负责人</td><td colspan="2"></td></tr>
<tr><td colspan="2">经办人</td><td colspan="2"></td></tr>
<tr><td>建设单位意见</td><td colspan="4">（盖章）
年　月　日</td></tr>
<tr><td>所属主管部门意见</td><td colspan="4">（盖章）
年　月　日</td></tr>
<tr><td>建设行政主管部门意见</td><td colspan="4">（盖章）
年　月　日</td></tr>
</table>

引导问题 10：根据本项目要求，完成该次规划与用地许可申办法律意见书。

1. 申办前置条件

___

___

___

2. 申办流程

3. 申办注意事项

4. 报建与施工许可证主要内容

5. 施工许可许可证有效期与延期

6. 能否变更许可内容，如何变更？

7. 风险防范

相关链接

按照国务院规定的权限和程序批准开工报告的建设工程，不再领取施工许可证。具体管理的内容如下：

1. 开工报告批准后，按照国务院有关规定批准开工报告的建设工程，因特殊情况不能按期开工的，应当及时向批准机关报告情况。

2. 在施工过程中，因发生特殊情况而中途停止施工的，建设单位应当尽快向发证机关报告中止施工的有关情况，包括中止施工的时间、原因、施工现状、维护管理措施等。

3. 因发生特殊情况而不能按期开工超过 6 个月的，开工报告自行失效，建设单位应当按照国务院有关规定重新向批准开工报告机关申请办理开工报告的批准手续。

四、任务评价

1. 此次任务完成中存在的主要问题有哪些？

2. 问题产生的原因有哪些？

____

____

____

____

____

3. 请提出相应的解决方法：

____

____

____

____

____

____

4. 您认为还需加强哪方面的指导（实际工作过程及理论知识）？

____

____

____

____

____

____

____

____

____

五、拓展训练

应用案例分析

2003 年 8 月 18 日，原告 A 市顺德区公路局从顺德区伦教街道 B 村民委员会取得 C 版工业区 7664.20 的国有土地使用权，拟建设 A 市顺德区公路局 B 养护中心料场。2004 年 1 月 18 日，原告领取“国有土地使用权证”，编号为顺府国用（2004）第 0201 189 号。同年 3 月 5 日，原告领取“建设工程规划许可证”，编号为佛顺建证（20041）00255 号。同年 3 月 18 日，原告领取《建设工程施工许可证》，编号为 0062004005 号。2004 年 3 月 20 日，原告开始组织有关施工单位（A 市顺德区承德建设工程有限公司）施工，并安排有关挖土机和铲运机进入上述施工现场。被告梁 ×、吴 × ×、何 × × 等村民以上述案涉土地是集体所有，涉及的土地是违法用地为由，从 2004 年 3 月 20 日开始，到案涉施工现场阻挠施工，并造成有关施工机械无法进行现场施工，至 2004 年 5 月 20 日，依法进行先予执行之后，原告的工地才恢复施工。根据 A 市顺德区 B 工程造价咨询有限公司作出的《A 市顺德区公路局仕版养护中心工地机械费市场参考价》，因被告阻挠施工，造成原告 2004 年 3 月 20 日至 2004 年 4 月 14 日工地施工机械费损失 55 500 元。

问题：该案涉及哪些问题？应如何处理？

学习情境三　建设工程发承包法律实务

任务八　发承包前期法律服务

一、任务描述

一家建筑企业欲就金强大学城商业街进行打造，现已获取该项目的城市规划和建设用地许可，完成了工程报建和施工许可证的办理。假如你分别接受发、承包方的委托，为他们提供前期服务。你必须在 2015 年 8 月 10 日前提交该项目的发、承包前期法律意见书。

二、学习目标

（1）按照正确的方法和途径，根据本项目要求收集相关法律资料；

（2）依据资料分析结果，明确委托方的权利和义务；

（3）按照工作时间限定，协助完成本项目发承包前期法律事务；

（4）通过完成该任务，提出后续工作建议，完成自我评价，并提出改进意见。

三、任务实施

引例 1

A 公司因建生产厂房与 B 公司签订了工程总承包合同。其后，经 A 公司同意，B 公司将工程勘察设计任务和施工任务分别发包给 C 设计单位和 D 建筑公司，并各自签订书面合同。合同约定由 D 建筑公司根据 C 设计单位提供的设计图纸进行施工，工程竣工时依据国家有关规定、设计图纸进行质量验收。合同签订后，C 设计单位按时交付设计图纸，D 建筑公司依照图纸进行施工。工程竣工后，A 公司会同有关质量监督部门对工程进行验收，发现工程存在严重质量问题，是由于 C 设计单位未对现场进行仔细勘查，设计不符合规范所致。A 公司遭受重大损失，但 C 设计单位称与 A 公司不存在合同关系拒绝承担责任，B 公司以自己不是设计人为由也拒绝赔偿。

引导问题 1：根据引例 1，回答以下问题：

1. 什么是工程发承包，A、B、C、D 在承发包合同中各自身份是什么？

____

____

____

2. 我国发承包常见的发包方式有哪些？B 公司发包工程项目的做法是否符合法律规定？

3. 发承包基本原则是什么？

4. B 公司、C 设计单位拒绝承担责任的理由是否充分？为什么？

引例 2

2012 年 11 月 15 日，A 房产开发公司将其开发的怡景新苑 9 号、10 号住宅楼工程发包给 B 建筑公司承建，承建范围为土建、装饰、水电、暖卫；开工日期为 2012 年 11 月 20 日，竣工日期为 2013 年 7 月 1 日；合同价款 713 万元。B 建筑公司承包上述工程后，将其转包给王某，双方于 2013 年 8 月 20 日补签协议一份，约定：B 建筑公司同意王某施工承建怡景新苑 9 号、10 号住宅楼工程；工期自 2012 年 12 月 26 日至 2013 年 10 月 30 日；王某承担 B 建筑公司在与建设单位 A 房产开发公司所签建设工程承包合同中应承担的所有资任和义务，按该建设工程承包合同约定的质量标准、工期、安全生产等进行施工；实行自主经营，独立核算，自负盈亏，一切债权债务由王某承担。

2013 年 4 月 6 日，王某以 B 建筑公司项目部的名义，与原告 C 混凝土公司签订了预拌混凝土供需合同，由 C 混凝土公司供给混凝土，双方对供货数量、质量、价款及其支付方式等进行了约定。该合同由王某签字并加盖 B 建筑公司项目部的印章。合同签订后，原告 C 混凝土公司按合同约定完成供货义务，经双方结算，共计货款 557 812.50 元，王某已付款 40 万元，尚欠 157 812.50 元未付。原告 C 混凝土公司诉至法院，要求被告 B 建筑公司及王某支付欠款 157 812.50 元及违约金。被告 B 建筑公司抗辩称，其从未与原告签订预拌混凝土供需合同，双方不存在买卖混凝土合同关系，更不知付款之事。该供需合同是原告与王某签订的，王某不是本公司职工，其签订合同所用印章是其私自刻制的，公司对此不知情，应由王某自行承担责任。被告王某未作任何抗辩。该案在审理过程中，经法院调查，王某承认预拌混凝土供需合同中 B 建筑公司项目部的印章是其私刻的。

引导问题 2：根据引例 2，回答以下问题：

1. 我国建设工程发承包原则有哪些？

2. 引例 2 存在哪些法律问题？

3. 该案应如何处理？

引导问题 3：建设工程合同的特征有哪些？

相关测试

选择题

1. 下列原则中，不属于《合同法》规定的基本原则的是（　　）。

A. 平等、自愿原则　　B. 等价有偿原则

C. 诚实信用原则　　D. 不损害社会公益原则

2. 甲、乙、丙、丁四人对合同法中的自愿原则各抒己见，请问下列表述中错误的是（　　）。

A. 甲：自愿就是绝对的合同自由

B. 乙：自愿是在法定范围内的自由

C. 丙：自愿不能危害社会公共利益

D. 丁：自愿不得有损社会公共道德

3. 甲、乙、丙、丁四人讨论如何完整、准确理解合同法中的公平原则，请问下列表述中错误的是（　　）。

A. 甲：公平包括当事人双方的权利义务要对等

B. 乙：公平包括合同风险的分配要合理

C. 丙：公平包括当事人双方法律地位一律平等

D. 丁：公平包括合同中违约责任的确定要合理

4. 某工程施工合同从谈判签约到履行结束整个过程中，甲方与乙方都有不同程度的违反诚实信用原则的情形。下列表述中，属于违反后契约义务的情形是（　　）。

A. 合同签订时，甲方隐瞒了本工程项目土地使用权的问题

B. 合同履行时，甲方无故迟延提供施工场地工程地质资料

C. 合同履行时，乙方串通监理方在施工中偷工减料

D. 合同终止后，乙方泄露本工程引进设备的重要技术指标

5. 某建筑公司成功中标市房管局的办公大楼工程项目，签订施工合同时，双方风险的分配、违约责任的约定明显不合理，严重损害了乙方的合法权益。则该施工合同的签订违反了合同法原则中的（　　）。

A. 平等原则　　B. 公平原则

C. 诚实信用原则　　D. 自愿原则

6. 某建筑公司低价中标市房管局的办公大楼工程项目，签订施工合同时，房管局坚持要特别约定该合同在履行过程中不允许变更或解除。则该施工合同的签订违反了合同法原则中的（　　）。

A. 平等原则　　B. 公平原则

C. 诚实信用原则　　D. 自愿原则

7. 某工程施工合同签订时，建设单位隐瞒了本工程项目土地使用权的问题，合同履行中，施工单位串通监理方在施工中偷工减料。上述行为违反了合同法原则中的（　　）。

A. 平等原则　　B. 公平原则

C. 诚实信用原则　　D. 自愿原则

8. 依照合同法理论，狭义的合同是指（　　）。

A. 劳动合同　　B. 物权合同

C. 债权合同　　D. 身份合同

9. 下列协议中，适用《合同法》的是（　　）。

A. 收养协议　　B. 监护协议

C. 工程承包协议　　D. 婚姻关系协议

10. 依当事人之间是否互负义务，合同可以分为双务合同与单务合同。下列合同中，属于单务合同的是（　　）。

A. 买卖合同　　B. 赠与合同

C. 建设工程施工合同　　D. 勘察设计合同

引导问题 4：按照承包工程计价方式（或付款方式）分类，合同可分为哪几类？

______

______

______

______

引导问题 5：请简述程合同的订立过程。

______

______

______

______

相关测试

选择题

1. 一方当事人以缔结合同为目的，向对方当事人提出合同条件，希望对方当事人接受的意思表示即为（　　）。

A. 要约邀请　　B. 要约

C. 承诺　　D. 缔约

2. 下列选项中，属于要约的是（　　）。

A. 招股说明书　　B. 投标书

C. 招标公告　　D. 商品价目表

3. 下列书面文件中，（　　）是承诺。

A. 招标公告　　B. 投标书

C. 中标通知书　　D. 合同书

4. 属于要约邀请的是（　　）。

A. 商业广告　　B. 投标书

C. 招标公告　　D. 拍卖公告

E. 商品宣传单

引导问题 6：建设工程合同的生效要件和效力形式有哪些？

引导问题 7：建设工程合同的主要条款有哪些？合同文本通常由几部分组成？

相关测试

1. 2007 年 3 月 1 日，某大学向本市某建筑公司发出全面维修教学楼的要约，3 月 5 日建筑公司相关负责人来到该大学就要约之事协商确认并签订了合同。下列表述中，违背《合同法》相关规定的是（　　）。

A. 承诺生效的时间是 3 月 1 日　　B. 承诺生效的地点是该大学

C. 合同成立的时间是 3 月 5 日　　D. 合同成立的地点是该大学

2. 合同的主体资格合格是指当事人必须具有（　　）。

A. 完全的民事权利能力

B. 完全的民事行为能力

C. 完全的民事权利能力和民事行为能力

D. 相应的民事权利能力和民事行为能力

3. 下列关于合同无效的表述中，正确的是（　　）。

A. 一方以欺诈、胁迫的手段订立合同

B. 损害国家、集体或者第三人利益

C. 以合法形式掩盖非法目的

D. 违反地方性法规的强制性规定

4. 根据《合同法》的规定，下列各类合同免责条款中有效的是（　　）。

A. 造成对方人身伤害的

B. 因故意造成对方财产损失的

C. 过失造成对方财产损失的

D. 重大过失造成对方财产损失的

5. 下列合同中属于无效合同的是（　　）。

A. 有重大误解的合同

B. 内容不明确的合同

C. 结构有缺陷的合同

D. 损害社会公益的合同

6. 下列合同中，属于可变更、可撤销合同的是（　　）。

A. 损害社会公共利益的合同

B. 以合法形式掩盖非法目的

C. 不慎造成误解的合同

D. 显失公平的合同

7. 某建筑公司与某钢铁厂于 2007 年 2 月 5 日签订一钢材购销合同，而钢铁厂却将劣质钢材以优质的价格出售给该建筑公司使其蒙受损失，依据《合同法》的规定：

（1）该合同的性质属于（　　）。

A. 无效合同

B. 部分无效合同

C. 效力待定合同

D. 可变更、可撤销合同

（2）如果该合同的履行使国家利益受到损害，该合同的性质属于（　　）。

A. 无效合同

B. 部分无效合同

C. 效力待定合同

D. 可变更、可撤销合同

（3）无论该合同无效、被撤销或终止，均不影响合同中有关（　　）。

A. 主要权利条款的效力

B. 主要义务条款的效力

C. 违约责任条款的效力

D. 解决争议方法的条款的效力

（4）无论该合同无效、被撤销，下列关于其后果的表述中正确的是（　　）。

A. 建筑公司蒙受的损失应当自己承担

B. 建筑公司蒙受的损失应当由钢铁厂赔偿

C. 将双方所取得的财产收归国家所有

D. 将钢铁厂所取得的合同价款收归国家所有

（5）该建筑公司于 2007 年 3 月 8 日得知自己有撤销权。则下列关于其撤销权消灭的表述中正确的是，该公司（　　）。

A. 2008 年 2 月 5 日前未行使撤销权

B. 2008 年 3 月 8 日前未行使撤销权

C. 未明确表示是否放弃撤销权

D. 未明确表示是否继续履行该合同

8. 下列关于效力待定合同的表述中正确的是（　　）。

A. 代理人以被代理人名义订立的合同

B. 限制民事行为能力人独立订立的合同

C. 财产所有权人处分自己财产的合同

D. 法定代表人未超越权限订立的合同

9. 甲为某单位的法定代表人，某日与一个体工商户乙签订了一份合同。该合同中，甲已经超越了其法人在章程中对其代表权限的限制，但是，乙却不知情，则该合同（　　）。

A. 无效　　B. 有效

C. 部分有效　　D. 效力待定

10. 李某擅自与王某签订合同将朋友余某委托其照看的一套单元房转让，则下列关于该转让合同效力的表述中，正确的是（　　）。

A. 合同无效　　B. 合同部分有效

C. 余某追认则合同生效　　D. 余某死亡则合同生效

11. 某工程项目的施工合同中约定，如该工程获得鲁班奖，则甲方给乙方一辆汽车作为奖励。则下列表述中，正确的是（　　）。

A. 该合同属附期限的合同　　B. 该合同属附条件的合同

C. 所附期限是否到来具有可能性　　D. 所附条件是否成就具有必然性

引导问题 8：建设工程发承包相关法律责任有哪些？

____

____

____

____

____

引导问题 9：根据本项目具体情况和业主要求，并提交发包意见书，完成前期法律服务。

1. 发包前置条件

____

____

____

____

____

____

____

2. 发包流程

3. 发包注意事项

4. 发包合同主要内容

5. 发包风险预测

6. 风险防范

7. 后期工作建议

四、任务评价

1. 此次任务完成中存在的主要问题有哪些？

2. 产生的原因有哪些？

3. 出相应的解决方法：

____

____

____

____

____

____

4. 为还需加强哪方面的指导（实际工作过程及理论知识）？

____

____

____

____

____

____

____

五、拓展训练

某市政府将投建某市 7 号线地铁工程，现请按照工程建设发承包法规要求，提出施工合同的拟定要点。

任务九　招投标与合同评审法律服务

一、任务描述

一家建筑企业欲就金强大学城商业街进行打造，现已接受发承包的前期委托，就项目施工招投标和合同评审事务，提供法律服务。你必须在 2015 年 8 月 20 日前提交该项目的发承包前期法律意见书。

二、学习目标

（1）按照正确的方法和途径，收集相关法律资料；

（2）依据资料分析结果，协助完成本项目发承包前期招投标工作；

（3）按照工作时间限定，进行合同条款分析和风险预测，完成本项目合同评审和签订；

（4）通过完成该任务，提出后续工作建议，完成自我评价，并提出改进意见。

引例 1

2014 年 9 月 10 日某房地产开发有限公司就某住宅项目进行邀请招标，某建筑集团第三公司与其他三家建筑公司共同参加了投标，结果由原告中标。2014 年 10 月 14 日，被告就该项工程向原告发出中标通知书。该通知书载明：工程建筑面积 82 174 m^2，中标造价人民币 8 000 万元，要求 10 月 25 日签订工程承包合同，10 月 28 日开工。

中标通知书发出后，原告按被告的要求提出，为抓紧工期，应该先做好施工准备，后签工程合同。原告同意了这个意见。随后，原告进场，平整了施工场地，将打桩桩架运至现场，并配合被告在 10 月 28 日打了两根桩，完成了项目的开工仪式。但是，工程开工后，还没有等到正式签订承包合同，双方就因为对合同内容的意见不一而发生了争议。2015 年 3 月 1 日，被告函告原告："将另行落实施工队伍。"双方协商不成，原告只得诉至法院。

引导问题 1：根据引例 1，回答以下问题：

1. 我国建筑相关法规对建设工程招投标做了哪些规定？

2. 引例 1 中中标通知书具有什么效力？

3. 对中标合同应怎样进行评审？

4. 该纠纷应如何解决？

引例 2

四川省某高校科教楼工程为该市重点教育工程，2014 年 7 月由市发改委批准立项，建筑面积为 7 800 m^2，投资 780 万元，项目 2015 年 2 月 28 日开工。此项目施工单位由业主经市政府和主管部门批准不招标，奖励给某建设集团承建，双方签订了施工合同。

引导问题 2：根据引例 2，回答以下问题：

1. 工程项目强制招标范围包括哪些？

2. 该案中的施工合同有效吗？

引导问题 3：可不招标的建设工程项目有哪些？

相关测试

选择题

1. 需要审批的工程项目，经有关审批部门批准，可以不招标的情形是（　　）。
   A. 项目技术复杂或有特殊要求，只有少量几家潜在投标人可供选择的
   B. 拟公开招标的费用与项目的价值相比，不值得的
   C. 施工企业自建自用的工程，且该施工企业资质等级符合工程要求的
   D. 受自然地域环境限制的
2. 下列项目必须进行招标的是（　　）。
   A. 施工主要技术采用特定的专利或者专有技术的
   B. 施工企业自建自用的工程，且该施工企业资质等级符合工程要求的
   C. 使用国家政策性贷款的项目，施工单项合同估算价在 200 万元人民币以上的
   D. 在建工程追加的附属小型工程或者主体加层工程，原中标人仍具备承包能力的
3. 根据《工程建设项目招投标范围和规模标准规定》的规定。下列项目中，必须进行招标的是（　　）。
   A. 项目总投资为 3 500 万元，但施工单项合同估算价为 60 万元的体育中心篮球场工程
   B. 总投资 2 400 万元，合同估算金额为 60 万元的某商品住宅的勘察设计工程
   C. 利用国家扶贫资金 300 万元，以工代赈且使用农民工的防洪堤工程
   D. 项目总投资为 2 800 万元，但合同估算价约为 120 万元的某市科技服务中心的主要设备采购工程

引导问题 4：招标方式和招标组织形式有哪些规定？

引例 3

某市越江隧道工程全部由政府投资。该项目为该市建设规划的重要项目之一，且已列入地方年度固定资产投资计划，概算已经主管部门批准，征地工作尚未全部完成，施工图及有关技术资料齐全。现决定对该项目进行施工招标。因估计除本市施工企业参加投标外，还可能有外省市施工企业参加投标，故业主委托咨询单位编制了两个标底，准备分别用于对本市和外省市施工企业投标价的评定。业主对投标单位就招标文件所提出的所有问题统一作了书面答复，并以备忘录的形式分发给各投标单位，为简明起见，采用表格形式，见表 9.1。

在书面答复投标单位的提问后，业主组织各投标单位进行了施工现场踏勘。在投标截止日期前 10 天，业主书面通知各投标单位，由于某种原因，决定将收费站工程从原招标范围内删除。开标会由市招投标办的工作人员主持，市公证处有关人员到会，各投标单位代表均到场。开标前，市公证处人员对各投标单位的资质进行审查，并对所有投标文件进行审查，确认所有投标文件均有效后，正式开标。主持人宣读投标单位名称、投标价格、投标工期和有关投标文件的重要说明。

表 9.1

序号	问题	提问单位	提问时间	答复
1				
…				
N				

引导问题 5：根据引例 3，回答以下问题：

1. 工程项目招标应具备哪些条件？

____

____

____

____

____

____

2. 业主对投标单位进行资格预审应包括哪些内容？

____

____

____

____

3. 该项目施工招标在哪些方面存在问题或不当之处？请逐一说明。

引例 4

其办公楼的招标人于 2015 年 10 月 11 日向具备承担该项目能力的 A、B、C、D、E 五家承包商发出投标邀请书，其中说明，10 月 17—18 日 9—16 时在该招标人总工程师室领取招标文件，11 月 8 日 14 时为投标截止时间。该 5 家承包商均接受邀请，并按规定时间提交了投标文件。但承包商 A 在送出投标文件后发现报价估算有较严重的失误，遂赶在投标截止时间前 10 分钟递交了一份书面声明，撤回已提交的投标文件。

开标时，由招标人委托的市公证处人员检查投标文件的密封情况，确认无误后，由工作人员当众拆封。由于承包商 A 已撤回投标文件，故招标人宣布有 B、C、D、E 四家承包商投标，并宣读该 4 家承包商的投标价格、工期和其他主要内容。

评标委员会委员由招标人直接确定，共由 7 人组成，其中招标人代表 2 人，本系统技术专家 2 人、经济专家 1 人、外系统技术专家 1 人、经济专家 1 人。

在评标过程中，评标委员会要求 B、D 两投标人分别对施工方案作详细说明，并对若干技术要点和难点提出问题，要求其提出具体、可靠的实施措施。作为评标委员的招标人代表希望承包商 B 再行适当考虑一下降低报价的可能性。

按照招标文件中确定的综合评标标准，4 个投标人综合得分从高到低的依次顺序为 B、D、C、E，故评标委员会确定承包商 B 为中标人。由于承包商 B 为外地企业，招标人于 11 月 10 日将中标通知书以挂号方式寄出，承包商 B 于 11 月 14 日收到中标通知书。

由于从报价情况来看，4 个投标人的报价从低到高的依次顺序为 D、C、B、E，因此，从 11 月 16 日至 12 月 11 日招标人又与承包商 B 就合同价格进行了多次谈判，结果承包商 B 将价格降到略低于承包商 C 的报价水平，最终双方于 12 月 12 日签订了书面合同。

引导问题 6：据引例 4，回答以下问题：

1. 什么是开标和评标，有哪些法律规定？

2. 从招投标的性质看，本案例中的要约邀请、要约和承诺的具体表现是什么？

3. 从所介绍的背景资料来看，在该项目的招标投标程序中在哪些方面不符合《招标投标法》的有关规定？请逐一说明。

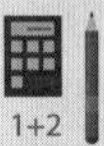

相关测试

选择题

1. 建设工程招投标活动中，在提交投标文件截止时间后到投标有效期终止之前，下列对有关投标文件处理的表述中，正确的是（　　）。

A. 投标人可以替换已提交的投标文件

B. 投标人可以补充已提交的投标文件

C. 招标人可以修改已提交的招标文件

D. 投标人撤回投标文件的，其投标保证金将被没收

2. 下列有关建设项目施工招标投标、评标、定标的表述中，正确的是（　　）

A. 若有评标委员会成员拒绝在评标报告上签字同意的，评标报告无效

B. 使用国家融资的项目，招标人不得授权评标委员会直接确定中标人

C. 招标人和中标人只需按照中标人的投标文件订立书面合同

D. 合同签订后5个工作日内，招标人应当退还中标人和未中标人的投标保证金

3. 关于重新招标和不再招标，下列说法正确的是（　　）。

A. 投标截止时间止，投标人少于3个的，不再招标

B. 经评标委员会评审后否决所有投标的，不再招标

C. 重新招标后投标人仍少于3个，属必须审批的工程建设项目经原审批部门批准后重新招标

D. 重新招标后所有投标被否决的，属必须核准的工程建设项目经原核准部门批准后不再招标

4. 关于联合体投标的说法正确的是（　　）。

A. 联合体参加资格预审并通过的，其组成的任何变化都必须在开标之日前征得招标人的同意

B. 联合体各方必须指定牵头人，牵头人不得再以自己的名义单独投标已联合体中的牵头人可以以自己的名义提交投标保证金

C. 联合体各方签订共同投标协议后，其成员也可以参加其他联合体在另项目中的投标

D. 联合体中标后，由联合体各方分别与招标人签订合同

引例 5

A 医大三院医技大楼设计建筑面积为 19 945 m^2，预计造价 7 400 万元，其中土建工程造价约为 3 402 万元，配套设备暂定造价为 3 998 万元。2015 年初，该工程项目进入广东省建设工程交易中心以总承包方式向社会公开招标。

经常以“广州 B 房地产有限公司总经理”身份对外交往的包工头郑某得知该项目的情况后，即分别到广东省和广州市 4 家建筑公司活动，要求挂靠这 4 家公司参与投标。这 4 家公司在未对郑某的广州 B 房地产有限公司的资质和业绩进行审查的情况下，就同意其挂靠，并分别商定了“合作”条件：一是投标保证金由郑某支付；二是广州市原告代郑某编制标书，由郑支付“劳务费”，其余三家公司的经济标书由郑某编制；三是项目中标后全部或部分工程由郑某组织施工，挂靠单位收取占工程造价 3%～5%的管理费。上述 4 家公司违法出让资质证明，为郑某搞串标活动提供了条件。2015 年 1 月郑某给 4 家公司各汇去 30 万元投标保证金，并支付给广州市原告 1.5 万元编制标书的“劳务费”。

为揽到该项目，郑某还不择手段地拉拢广东省交易中心评标处副处长张某、办公室副主任陈某。郑某以咨询业务为名，经常请张、陈吃喝玩乐，并送给张某港币 5 万元、人民币 1 000 元，以及人参、茶叶、香烟等物品；送给陈某港币 3 万元和洋酒等物品。张某、陈某两人积极为郑某提供“咨询”服务，不惜泄露招投标中有关保密事项，甚至带郑某到审核标底现场向有关人员打探标底，后因现场监督严格而未得逞。

2015 年 1 月 22 日下午开始评标。评委会置该项目招标文件规定于不顾，把原安排在 22 日下午评技术标、23 日上午评经济标的两段评标内容集中在一个下午进行，致使评标委员会没有足够时间对标书进行认真细致地评审，一些标书明显存在违反招标文件规定的错误未能发现。同时，评标委员在评审中还把标底价 50%以上的配套设备暂定价 3 998 万元剔除，使造价总体下浮变为部分下浮，影响了评标结果的合理性。24 日 19：20 左右，评标结束，中标单位为深圳市总公司。

由于郑某挂靠的 4 家公司均未能中标，郑便鼓动这 4 家公司向有关部门投诉，设法改变评标结果。因不断发生投诉，有关单位未发出中标通知书。

引导问题 7：根据该案例，回答以下问题：

1. 本次招标存在哪些问题？

2. 该次招标效力应如何认定？

3. 招标法律责任有哪些规定？

4. 该纠纷应如何处理？

引例 6

某施工合同对工程速度与工程师指示做出了以下约定：

1. 承包人应在签订合同后两周之内，向工程部提供各施工阶段明细进度表，把工程分成若干部分和子项，并表明每一部分和每一子项工程的施工安排。进度表日期不能超过合同所规定的日期，本进度要在得到工程部的书面确认之后方可执行。工程部有权对进度作其认为有利于工程的必要的修改，承包商无权要求对此更改给予任何补偿。工程部对于进度表的确认和所提出的更改并不影响承包人按照规定日期施工的义务和承包人对于施工方式及所用设备的安全、准确的责任。

2. 承包人的施工应使工程部工程师满意，监理工程师有权随时发布他认为合适的追加方案和设计图纸、指令、指示、说明，以上统称为“工程师的指示”。工程师的指示包括以下各项，但不局限于此。

（1）对于设计、工程种类和数量的变更；
（2）决断施工方案、设计图与规范不符的任何地方；
（3）决定清除承包人运进工地的材料，换上工程师所同意的材料；
（4）决定重做承包人已经施工，而工程师未曾同意的工程；
（5）推迟实施合同中规定的施工项目；
（6）解除工地上任何不受欢迎的人；
（7）修复缺陷工程；
（8）检查所有隐蔽工程；
（9）要求检验工程或材料。

承包人应及时、认真地遵从并执行工程师发出的指示，同时还应详细地向工程师汇报所有与工程和工程所必要的原料有关的问题。

如果工程师向承包人发出了口头指示或说明，随即又做了某种更改，工程师应加以书面肯定。如果没有这样做，承包人应在指示或说明发出后 7 天内，书面要求工程师对其加以肯定。如果工程师在另外的 7 天内没有向承包人作出书面肯定，工程师的口头指示或说明则视为书面指令或说明。

引导问题 8：以上合同条款存在什么问题？合同评审应从哪些方面进行评审？

____

____

____

____

____

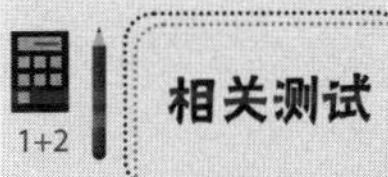

选择题

1. 有关合同类型的使用范围，下列理解正确的是（　　）。
   A. 单价合同适用于工程量不大且能精确计算、工期较短、技术不太复杂、风险不大的项目
   B. 总价合同的适用范围比较宽，其风险可以得到合理的分摊
   C. 成本加酬金合同的缺点是发包人对工程总造价不易控制，承包人也不注意降低项目成本
   D. 根据承包主体不同，建设工程施工合同可分为总价合同、单价合同和成本加酬金合同三种

2. 根据《标准施工招标文件》中的通用条款，应由发包人承担的工作包括(　　)。

A. 委托监理人按合同约定的时间向承包人发出开工通知

B. 根据合同进度计划，组织设计单位向承包人进行设计交底

C. 按合同约定及时组织竣工验收

D. 按专用合同条款的约定向承包人提供施工场地

E. 保证工程施工和人员的安全

3. 下列有关不可抗力的表述中，正确的是(　　)。

A. 不可抗力是指合同当事人不能预见或可以预见但不能避免和克服的客观情况

B. 不可抗力包括瘟疫、水灾、骚乱、暴动、战争等情况

C. 对于地震、海啸等自然灾害，应根据合同专用条款的约定判断是否为不可抗力

D. 因不可抗力事件所导致停工，承包商既可索赔费用，又可索赔工期

E. 因不可抗力所导致的工程清理费用，由发包人承担

引例 7

某市准备建设一个火车站，相关部门组织成立了建设项目法人，估计工程总造价为 20 亿元。在可行性研究报告、项目建议书、设计任务书等经市计划主管部门审核后，报国务院、国家发改委审批申请国家重大建设工程立项。审批过程中项目法人以公开招标的方式与具有施工资质的企业签订了《建筑工程总承包合同》。合同签订后，国务院计划主管部门公布该工程为国家重大建设项目，批准的投资计划中主体工程部分调整为 18 亿元。该计划下达后，项目法人要求承包人修改合同，降低包干造价，承包人不同意，双方因此产生矛盾。此后项目法人向该市人民法院提起诉讼，请求解除合同。

引导问题 9：据引例 7，回答以下问题：

1. 该工程建设合同是否合法有效？为什么？

2. 该项目法人要求解除合同是否可行？

3. 合同的有效性主要涉及哪些具体情形？

引例 8

承包人和发包人签订了采矿工业场地平整工程合同，规定工程按当地所在省建筑工程预算定额结算。在履行合同过程中，因发包人未解决好征地问题，使承包人 7 台推土机无法进入场地，窝工 200 天，致使承包人没有按期交工。经发包人和承包人口头交涉，在征得承包人同意的基础上按承包人实际完成的工程量变更合同，并商定按“冶金部某省某厂估价标准机械化施工标准”结算。工程完工结算时因为离工问题和结算定额发生争议。承包人起诉，要求发包人承担全部离工责任并坚持按第一次合同规定的定额结算，而发包人在答辩中则要求承包人承担延期交工责任。

引导问题 10：项目应以哪个定额标准结算？发包人和承包人口头交涉是否有效？

三、任务实施

根据本项目具体情况和业主要求填写招标工作任务表，并提交法律意见书。

四、任务评价

1. 本次任务完成中存在的主要问题有哪些？

2. 问题产生的原因有哪些？

3. 请提出相应的解决方法。

____

____

____

____

4. 您认为还需加强哪方面的指导（实际工作过程及理论知识）？

____

____

____

____

五、拓展训练

××大学教学主楼工程承包合同

发包方：××大学（简称甲方）

承包方：××承包公司（简称乙方）

根据《经济合同法》和《建筑安装工程承包合同条例》等有关规定，为明确双方在施工过程中的权利、义务和经济责任，经双方协商同意订本合同。

第一条　承包工程概况

一、工程名称：教学主楼

二、工程地点：

三、工程性质：

四、批准文号：

五、承包方式：招标承包。

六、工程概况：本工程占地面积 8 040 m^2，总建筑面积 25 441 m^2，其中建安面积 25 441 m^2，市政工程。

七、承包范围：按招标文件。

八、工程造价：本合同全部工程造价为 8 235 850 元。

九、乙方声明已全部阅读标书内容，已经复核工程量表，承诺对上述报价负责。

第二条　工程期限

根据×× 部现行工期定额和××市颁发关于工期定额的补充规定，本合同全部工程自 1989 年 10 月 16 日开工至 1991 年 8 月 20 日竣工。

工程名称：教学主楼。

建筑面积：25 070 m^2。

结构形式：框架结构。

檐高：49 m。

层数：地下一层，地上 12 层。

开工日期：1989 年 10 月 16 日。

竣工日期：1991 年 8 月 20 日。

备注：工期 674 天。

第三条　物资供应

一、本合同全部工程所需材料物资按下列供应方式办理。

（1）钢材、水泥由甲方提供指标，承包商负责采购，按政府规定价格，数量按招标文件一次包死。

（2）其他材料由乙方自行解决。

二、成套设备或非标准设备，由甲方负责办理申请订货及加工。引进成套设备在交付乙方前，甲方应负责会同有关部门进行商品检验，并与乙方办理交接手续。

三、由甲方负责供应的材料和设备，如未按期供应，所造成乙方的损失，应由甲方负担。甲方供应乙方的材料，应有严格的交接手续。

四、凡应附有合格证明的材料，产生的试验费应由负责供应方负担（附材料、设备提供日期及交付地点一览表）。

第四条　工程价款结算

一、本合同全部工程造价按招标文件投标价结算，增加工程另行计价。

二、工程款拨付与结算办法，按有关规定办理。

第五条　施工与设计变更

一、乙方在组织施工中，必须按照 × × 部颁布的现行“施工验收规范”和“质量检验评定标准”以及设计要求组织施工。

二、开工前，甲方应负责做好施工现场“三通一平”。

三、在组织施工中，如必须变更设计，应按下列程序处理：

1. 施工中发现设计有错误或严重不合理的地方，乙方应以书面通知甲方，由甲方在 10 天内与原设计单位商定，提出修改或变更设计文件，经甲、乙双方办理签证手续后，方可继续施工。

2. 施工中如遇设计变更超出原设计标准或规模时需经原批准单位审批同意，甲、乙双方办理签证手续后方可施工。

3. 在施工中如遇停建、缓建，甲、乙双方对在建工程处理方案本着公平合理的原则进行商定。

由于上述原因延期施工而造成的经济损失，由责任方承担。按有关规定执行。

四、在施工中，由于乙方本身原因造成的停工、返工以及材料构件的倒运、机械二次进场等损失，应由乙方自行负担。

五、乙方要严格执行隐蔽工程验收制度。隐蔽工程完成后必须经过验收，做出记录，方能进行下一道工序的施工。凡隐蔽工程均应由乙方书面通知甲方和设计单位，共同验收，并应做好记录，甲方应予承认。如甲方以后提出检查时，其检查结果不符合要求者，检查费用应由乙方负责，符合要求时，其检查费用由甲方负责。

第六条　竣工验收与保修

一、竣工工程验收以××部颁发的现行“施工验收规范”、“质量检验评定标准”及施工图为依据，重点工程做基础、结构、装修分期进行验收。在竣工验收时，乙方应由甲方提供：

1. 隐蔽工程验收记录和中间交工验收记录及全部资料。

2. 根据××部关于编制竣工图的规定，提供竣工图费用××号文件执行。

二、乙方在单项工程竣工前 5 天，将验收日期以书面通知甲方，如甲方不能按时参加，须提前通知乙方，并取得乙方同意，另订验收日期，但须承认竣工日期。所发生的看管费和各有关损失均由甲方承担。

三、竣工工程验收合格后，从验收之日起 3 天内乙方向甲方移交完毕。如甲方不能按时接管，致使已验收工程发生损失，应由甲方承担。如乙方不能按期交付，应按逾期竣工处理。不得因有经济纠纷而拒绝交付。

四、单位工程如需单独移交甲方，以便由另一施工单位进行施工，在移交时双方应办理中间验收手续，作为竣工工程验收的依据。

五、乙方在单项工程验收后 20 天内将竣工工程结算及有关资料送交甲方进行审定。甲方接到上述资料后，应在 10 天内审定完毕，如到期未审完或未提出异议，即视为同意结算。

六、工程竣工验收后，乙方对施工工程质量负责保修。具体办法按《建筑工程保修办法》执行。

第七条　经济责任

一、承包方的责任

1. 工程质量不符合合同规定的，负责无偿修理或返工。由于修理或返工造成逾期交付的，偿付逾期交付违约金。

2. 由于乙方责任未按本合同规定的日期竣工（以验收竣工合格日期计算），每逾期一天应按该项工程的造价（包工不包料工程按预算人工费计算）付给甲方千分之一的逾期违约金（限制在工程总造价的 10%以内）。

二、发包方的责任

1. 未能按照承包合同的规定履行自己应负的责任，除竣工日期得以顺延外，还应赔偿承包方因此发生的实际损失。

2. 由于甲方提出提前竣工要求，而乙方又采取措施提前竣工者，每提前一天由甲方付给工程造价的千分之一的奖励（符合提前奖办法，额度不得超过工程总造价的 10%）。

三、出现伤亡事故，由责任一方承担责任。

第八条　附则

一、合同一式 10 份，正本经 × × 市建筑安装、市政工程合同预算审查后，甲、乙双方各执一份，副本应按《建筑安装工程承包合同备案实施办法》的规定，交有关部门备案。

二、本合同须经 × × 市合同委员会审查批准后，方可生效。审批期限为 3 个月，自双方签字之日起算。

三、本合同签订之前双方签订的工程协议书，与本合同一致时，可作为其附件，如与本合同抵触时，以本合同为准。

四、有关承包合同的其他规定，均按照《建筑安装工程承包合同条例》的规定执行。

第九条　合同附件

一、工程项目一览表。

二、工程施工许可证。

三、全部施工图纸共八套（不包括竣工图）。

四、施工图预算。

五、甲方应负责材料、设备一览表。

建设单位（盖章）

地址：

电话：

建设单位代表（盖章）

地址：

电话：

开户银行账号：

电话：

施工单位（盖章）

地址：

电话：

本工程代表（签字）

地址：

电话：

上级主管（盖章）

电话：

开户银行账号：

电话：

补充条款：

一、合同内未包括降水费用，降水费用按定额执行。

二、结算造价按招标文件规定办。

问题：建设工程合同具有哪些特点？请给出对该合同的评审意见。

任务十　履约法律服务

一、任务描述

一家房地产开发企业与A企业就金强大学城商业街项目，施工合同正在履行。你现已接受承包方的委托，为其提供合同履行期间的法律服务，并提交该项目的承包合同后期法律意见书。

二、学习目标

（1）按照正确的方法和途径，收集相关法律资料；

（2）依据资料分析结果，协助处理合同纠纷和索赔事务；

（3）按照工作时间限定，提出法律建议和完成承包合同后期法律意见书；

（4）通过完成该任务，提出后续工作建议，完成自我评价，并提出改进意见。

引例1

2014年2月24日，甲建筑公司与乙厂就乙厂技术改造工程签订建设工程合同。合同约定：甲公司承担乙厂技术改造工程项目56项，负责承包各项目的土建部分；承包方式按预算定额包工包料，竣工后办理工程结算。合同签订后，甲公司按合同的约定完成该工程的各土建项目，并于2015年11月14日竣工。孰料，乙厂于2015年9月被丙公司兼并，由丙公司承担乙厂的全部债权债务，承接乙厂的各项工程合同、借款合同及各种协议。甲公司在工程竣工后多次催促丙公司对工程进行验收并支付所欠工程款。丙公司对此一直置之不理，既不验收已竣工工程。也不付工程款。甲公司无奈将丙公司诉至法院。

引导问题1：根据引例1回答以下问题：

1. 合同履行过程中容易发生哪些纠纷，涉及哪些相关知识？

____

____

____

____

2. 该案应如何处理？

____

____

____

____

引例 2

甲、乙订立一商品买卖合同，约定甲给付乙 10 t 货物，乙付款 100 万元。后甲交付了 7 吨货物，同时请求乙付款 100 万元。

引导问题 2：根据引例 2 回答以下问题：

1. 合同履行抗辩权有哪些规定？

2. 行使抗辩权？为什么？

引例 3

甲、乙订有一买卖合同，约定甲于 6 月 1 日前交货，乙收到货后 1 个月内付款。过了 6 月 1 日，甲未交货，但要求乙付款，乙称：“你必须先交货，我 1 个月后再付款。”

引导问题 3：乙的主张有无道理？

引例 4

甲与乙订立合同，规定甲应于 2015 年 8 月 1 日交货，乙应于同年 8 月 7 日付款。7 月底，甲发现乙财产状况恶化，无支付货款的能力，并有确切证据，遂提出终止合同，但乙未允。基于上述因素，甲于 8 月 1 日未按约定交货。

引导问题 4：根据引例 4 回答以下问题：

1. 行使不安抗辩权应具备哪些条件？

2. 甲的行为是否具有法律依据？

引导问题 5：合同保全制度涉及哪两项权利，如何行使？

相关测试

选择题

1. 某施工单位与某汽车厂签订了一份买卖合同，约定 5 月 30 日施工单位付给汽车厂 100 万元预付款，6 月 30 日由汽车厂向施工单位交付两辆汽车，但到了 5 月 30 日，施工单位发现汽车厂已全面停产，经营状况严重恶化。此时施工单位可以行使（　　），以维护自己的权益。

A. 同时履行抗辩权　　B. 先履行抗辩权

C. 不安抗辩权　　D. 预期违约抗辩权

2. 建设单位甲欠总承包商乙 50 万元工程款，到期没有清偿。而甲享有对丙企业的 60 万元到期债权，却未去尽力追讨。此时，乙可以行使（　　）。

A. 代位权　　B. 确认权　　C. 否认权　　D. 撤销权

3. 甲、乙签订一份钢材买卖合同，约定甲先付款，乙后发货。当合同的履行期限届至，甲因担心收不到货而未付款，于是乙在发货期限届至时也未发货。则乙行使的权利是（　　）。

A. 先履行抗辩权　　B. 同时履行抗辩权

C. 不安抗辩权　　D. 撤销权

4. 甲水泥厂与乙施工单位订立水泥购销合同，合同约定甲应于 2003 年 8 月 1 日交货，乙应于同年 8 月 7 日付款。7 月底，甲发现乙财务状况恶化，无支付货款能力，并有确切证据证明，遂提出中止合同，但乙未允。则下列说法正确的是（　　）。

A. 甲有权中止合同并要求乙提供相应的担保

B. 甲无权不按合同约定交货，但可以要求乙提供相应的担保

C. 甲无权不按合同约定交货，但可以仅先交付部分货物

D. 甲应按合同约定交货，如乙不支付货款可追究其违约责任

5. 甲公司欠乙公司 30 万元，一直无力偿付，现丙公司欠甲公司 20 万元，已到期，但甲公司明示放弃对丙的债权。对甲公司的这一行为，乙公司可以采取以下哪些措施(　　)。

A. 行使代位权，要求丙偿还 20 万元　B. 请求人民法院撤销甲方放弃债权的行为

C. 乙行使权利的必要费用可向甲方主张

D. 乙方应在知道或应当知道甲放弃债权 2 年内行使撤销权

E. 乙方应在知道或应当知道甲放弃债权 1 年内行使撤销权

6. 某建筑公司欠某建材供应商 30 万元材料款久拖不还，却在近日将本公司的一辆价值 6 万多元的汽车以 7 万元转让给不懂市价行情的某美容师，将一台价值 10 多万元的塔吊以 3 万元转让给长期合作彼此知情的某建筑设备租赁公司，致使无力偿还建材供应商 30 万元材料款，因此，建材供应商便向法院起诉主张其债权。下列选项中正确的是(　　)。

A. 该汽车转让行为合法有效　　B. 该汽车转让行为应当撤销

C. 该塔吊转让行为合法有效　　D. 该塔吊转让行为应当撤销

E. 该塔吊转让行为效力不能确定

引例 5

某工程采用 FIDIC 合同 88 年第四版和工程量清单计价模式，外墙采用灰砂砖，内墙采用轻质陶粒砖。图纸中没有明确要求砖墙与混凝土柱、梁、墙、板接触的地方挂批荡铁丝网，承包商也没有报价。工程施工过程中，业主要求承包商按规范要求在砖墙与混凝土柱、梁、墙、板接触的地方挂 300 mm 宽的批荡铁丝网，承包商报来变更单价。

引导问题 6：根据引例 5，回答以下问题：

1. 引例 5 中引起合同变更的主要原因是什么？你认为该如何处理？

____

____

____

____

____

2. 合同变更的主要内容有哪些？你有哪些法律建议？

____

____

____

____

引导问题 7：合同的转让有哪些规定？

______

______

______

______

相关测试

1. 下列关于合同变更与变更前合同之间关系的表述中，正确的有（　　）。

A. 合同变更后，已经履行的债务失去了法律依据，应该恢复原状

B. 合同变更部分条款后，未变更的部分视为已经变更

C. 合同变更后，已经存在的损害赔偿请求权不复存在

D. 合同变更必须以原合同关系存在为前提

2. 甲公司对乙公司享有 50 万元债权，对丙公司、丁公司各有 40 万元货款未付。现甲公司决定将其 50 万元债权转让给 A 公司，将对丙的债务转移给 B 公司。另出于营业需要，从甲公司分出新公司 C。甲公司与 C 公司达成债务分配协议，约定丁公司的债务由 C 公司承担。

（1）甲公司将对乙公司的债权转让给 A 公司，应当（　　）。

A. 通知乙公司　　B. 经乙公司同意

C. 使乙公司的抗辩只能针对甲公司　　D. 只转让主权利，不转让从权利

（2）甲公司将对丙公司的债务转移给 B 公司的行为，应当（　　）。

A. 通知丙公司　　B. 经丙公司同意

C. 只转让主债务，不转让从债务　　D. 必须进行批准、登记

（3）丁公司的债权 40 万元，应当（　　）。

A. 由甲公司承担清偿责任

B. 由 C 公司承担清偿责任

C. 由甲公司和 C 公司承担连带清偿责任

D. 由甲公司和 C 公司按约定比例承担清偿责任

引导问题 8：合同权利义务终止的情形有哪些？

______

______

______

______

引导问题 9：解除合同须具备什么条件？如何行使？

相关测试

1. 下列对于合同权利义务终止的说法正确的是（　　）。

A. 合同终止会引起合同权利义务客观上不复存在

B. 合同权利义务终止是合同责任的终止

C. 合同权利义务终止就终止了合同的经济往来结算条款的效力

D. 合同权利义务终止后合同的遗留问题无须再处理

2. 施工单位与材料供应商签订的商品混凝土供应合同，规定在施工单位浇筑混凝土期间，材料供应商必须保证商品混凝土的供应，但在合同履行中，材料供应商不能按约定履行其义务，严重影响施工进行，于是施工单位解除了其与材料供应商的合同。对此，请就以下几个相关问题做出选择。

（1）施工单位解除合同，应当通知材料供应商，合同从（　　）时解除。

A. 当事人提出的时间　　B. 发出通知的时间

C. 通知到达对方的时间　　D. 对方接受通知的时间

（2）合同解除引起的法律效力是（　　）。

A. 合同从未发生效力　　B. 合同效力继续存在

C. 尚未履行的应继续履行　　D. 合同当事人不再受合同约束

（3）合同解除后，尚未履行的应终止履行，已经履行的，根据履行情况和合同性质，当事人不可以要求（　　）。

A. 赔偿损失　　B. 支付违约金

C. 采取补救措施　　D. 恢复原状

引例 6

2015 年 10 月，A 公司以总承包的方式承接了 B 公司（国有）工程款额为 900 万元的污水处理工程，并且签订了污水处理建设工程合同。合同分别约定了工程内容及要求、工期、双方责任、验收、工程款总价与付款方式、违约及赔偿等。A 公司承接工程后进行了施工，在施工中增加了部分工程量，实际工期超出了原合同约定的工期。该工程已通过 B 公司及其监理单位，当地环保部门的验收。双方因工程款的支付，工程完工是否逾期等发生纠纷，A 公司为此起诉 B 公司要求支付 980 万元的工程款；B 公司起诉 A 公司承担逾期交付工程的违约金 160 万元。后两案合并审理。

引导问题 10：根据引例 6 回答以下问题：

1. 合同的生效要件有哪些？双方所签“污水处理建设工程合同”是否有效？

2. 若合同有效，该案应如何处理？

3. 若合同无效，工程款如何结算与支付？

引导问题 11：可抗力及违约责任的免除的情形有哪些？

引导问题 12：工程价款优先受偿权的行使条件和程序有哪些规定？

相关测试

1. 施工合同履行过程中出现以下情况，当事人一方可以免除违约责任的是（　　）。

A. 因为“三通一平”工期拖延，发包方不能在合同约定的时间内给承包商提供施工场地

B. 因为发包方拖延提供图纸，导致工期拖延

C. 因为发生洪灾，承包方无法在合同约定的工期内竣工

D. 因为承包方自有设备损坏，导致工期拖延

2. 甲、乙双方的施工合同约定工程应于 2007 年 5 月 10 日竣工，但是乙方因为管理不善导致工程拖期，在 5 月 20 日到 5 月 25 日该地区发生洪灾，造成工期一再拖延，最后竣工时间为 2007 年 5 月 31 日。甲方在支付乙方工程费用时，拟按照合同约定扣除因乙方工程拖期的违约费用，那么甲方应该计算（　　）天的拖期违约损失。

A. 15　　B. 16

C. 17　　D. 21

3. 甲、乙双方签订一特种建材买卖合同，约定执行政府指导价，于 2004 年 6 月 1 日前交付完毕，6 月 1 日的政府指导价是 2 500 元/吨，但甲方直至 2004 年 8 月 1 日才交货，此时的政府指导价是 2 800 元/吨，结算时应按照（　　）计算。

A. 2 800 元/吨　　B. 2 650 元/吨

C. 2 500 元/吨　　D. 2 200 元/吨

4. 甲、乙公司于 2005 年 3 月 10 日在广东某交易会上签订了一份水泥供货合同，约定卖方甲在一年内分两期向买方乙供应水泥 600 吨，约定第一期 300 吨水泥于 4 月 20 日在北京验货和收款，但合同中对价款没有做出明确规定；第二期 300 吨水泥的供货具体时间没有明确，两期都是货到付款。

（1）合同履行过程中，对于第一批水泥的价格，双方通过协商也未达成一致，则应按照（　　）的市场价格履行。

A. 2005 年 3 月 10 日广东　　B. 2005 年 4 月 20 日广东

C. 2005 年 3 月 10 日北京　　　　D. 2005 年 4 月 20 日北京

（2）按照双方交易惯例及当地惯例，第二批水泥应于 6 月份交付，但是甲方因为市场价格波动的原因将库存水泥全部高价卖给了其他用户，致使乙方在催货无果的情况下向另外的供货商购买了水泥。当年 9 月份卖方才将第二批水泥 300 吨运至乙方，乙方拒收。双方发生争议并诉至法院。则下列说法正确的是（　　）。

A. 因合同未约定第二批货的履约时间，所以甲方并未违约，有权要求乙方收货、付款

B. 因合同未约定第二批货的履约时间，所以甲方可以和乙方商定继续供货

C. 乙方多次催货，并给甲方足够的时间准备，因此合理的履行期可以确定，乙可以拒收

D. 无任何一方违约，双方应进一步协商

5. 甲施工单位与乙钢材供应商签订一份钢材供应合同，合同中约定乙应当在 8 月 30 日向甲交付钢材。8 月 15 日，乙把钢材运送给甲。此时甲施工单位没有可以堆放钢材的地方，则甲有权（　　）。

A. 拒绝接收钢材

B. 不得拒绝接收

C. 不接收钢材并要求乙承担违约责任

D. 接收钢材并要求乙承担违约责任

E. 接收钢材并要求乙支付增加的费用

6. 合同当事人承担违约责任的形式有（　　）。

A. 合同继续履行　　　　B. 采取补救措施

C. 支付赔偿金　　　　D. 返还财产，恢复原状

E. 支付违约金

6. 甲与乙订立了一份材料购销合同，约定甲向乙交付相应的材料，货款为 80 万元，乙向甲支付定金 4 万元；同时约定任何一方不履行合同应支付违约金 6 万元。合同到期后，甲无法向乙交付材料，乙为了最大限度保护自己的利益，应该请求（　　）。

A. 甲双倍返还定金 8 万元

B. 甲双倍返还定金 8 万元，同时请求甲支付违约金 6 万元

C. 甲支付违约金 6 万元，同时请求返还支付的定金 4 万元

D. 甲支付违约金 6 万元

引导问题 13：合同的担保形式有几种？

____

____

____

相关测试

1. 保证合同是（　　）签订的合同。

A. 债权人与债务人　　B. 债权人与保证人

C. 债务人与保证人　　D. 保证人与被保证人

2. 某项目勘察费用为 40 万元，合同中约定定金为 20%，也约定了违约金为 5 万元，请分析在下列情况下违约方应承担的违约责任。

（1）如果发包方尚未支付定金，承包方因自身原因不能按约定履行合同，其应支付给发包方（　　）万元。

A. 4 万元　　B. 5 万元

C. 8 万元　　D. 9 万元

（2）发包方按承包方的请求支付了 20 万元定金，承包方亦不能按照合同约定履行合同导致合同解除，那么承包方应支付给发包方（　　）万元。

A. 40　　B. 28

C. 20　　D. 16

3. 甲、乙二人签订了一份买卖合同，由丙作为乙在收到货物后支付货款的保证人，但合同对保证方式没有约定。现在，乙收到货物后拒不付款，丙承担保证责任的方式应为（　　）。

A. 一般保证责任

B. 连带保证责任

C. 由丙与甲重新协商确定保证责任的方式

D. 由甲、乙和丙重新协商确定保证责任的方式

4. 下列选项中，（　　）属于担保形式的一种。

A. 动员预付款　　B. 材料预付款

C. 定金　　D. 罚金

5. 财产抵押权设置后，将限制的是财产的（　　）。

A. 占有权　　B. 使用权

C. 收益权　　D. 处分权

6. 当事人以房地产进行抵押，抵押合同自（　　）之日起生效。

A. 签字盖章　　B. 抵押登记

C. 债务人不履行债务　　D. 主合同生效

7. 动产质押合同从（　　）时生效。

A. 登记之日　　B. 签字之日

C. 质物移交质权人占有　　D. 债务人不履行合同之日

8. 乙向甲借款 10 万元，由丙提供保证，后乙与丁签订转让合同，把还款的义务转移给了丁，并取得了甲的同意，下列选项中最确切的是（　　）。

A. 债务转移无效　　B. 丙继续承担保证责任

C. 经丙书面同意后才继续承担保证责任

D. 经丙口头同意后才继续承担保证责任

9. 可以进行抵押的财产有（　　）。

A. 土地所有权

B. 有《房屋买卖合同》和购房发票但尚未办理产权证的商品房

C. 抵押人依法承包并经发包人同意的荒滩的土地使用权

D. 高等学校的教室、实验室和学生宿舍

E. 建设审批程序规范的在建工程

引例 7

某汽车制造厂建设施工土方工程中，承包商在合同中标明有松软石的地方没有遇到松软石，因此工期提前 1 个月。但是在合同中另一未标明有坚硬岩石的地方遇到更多的坚硬岩石，开挖工作变得更加困难，因此造成了实际生产率比原计划低得多，经测算影响工期 3 个月。由于施工速度减慢，使得部分施工任务拖到雨季进行按一般公认标准推算，又影响工期 2 个月。为此承包商准备提出索赔。

引导问题 14：据该引例，回答以下问题：

1. 该项施工索赔能否成立？为什么？

______

______

______

______

2. 在工程施工中，通常可以提供的索赔证据有哪些？

______

______

______

______

三、任务实施

1. 梳理本项目合同履行过程中涉及的法律事务，制订履约法律服务工作内容。

______

______

2. 请选择本项目一索赔事件，协助索赔人员完成索赔报告书。

3. 请结合本项目，完成履约法律意见书。

四、任务评价

1. 此次任务完成中存在的主要问题有哪些？

2. 问题产生的原因有哪些？

3. 请提出相应的解决方法。

4. 您认为还需加强哪方面的指导（实际工作过程及理论知识）？

五、拓展训练

请选择某一施工项目，根据其合同与索赔事件记录，提交一份合同纠纷防范与处理法律建议书。

任务十一　监理合同纠纷处理

一、任务描述

一家建设单位已与B监理公司签订监理合同。你现接受监理方委托，为其提供合同履行期间的法律服务，并提交该项目的监理合同法律意见书。

二、学习目标

（1）按照正确的方法和途径，收集工程监理相关法律资料；

（2）依据资料分析结果，确定本次任务的工作步骤；

（3）按照工作时间限定，履行监理职责，处理相关纠纷和完成该项目后期的法律建议书；

（4）通过完成本任务，提出后续工作建议，完成自我评价，并提出改进意见。

三、任务实施

引例1

某监理公司通过竞标承担了某炼钢厂施工阶段的监理工作，并签订了委托监理合同。由于炼钢厂的分部分项工程及单位工程较多，每个分部分项或单位工程的开始时间不同，所以，验槽工作也就贯穿了建厂的全过程。有关验槽的程序，监理工程师已在监理例会上做了说明：

1. 施工单位将基槽土方开挖清理后，按基础施工图样撒上灰线，钉好标高桩，经自检合格以后报监理工程师验收。

2. 监理工程师检查施工单位提供的验槽资料及强夯报告（因厂地处于山地. 最深部位的回填土深达13 m）或压实系数报告。然后按照施工图样对地基基坑进行检查，复核基坑的标高、建筑物的轴线、尺寸是否满足施工图样的要求，地基土是否有虚土坑等。检查合格后予以签认。

3. 组织建设单位、勘察单位、设计单位（并要求工程所在地的质量监督检查站对整个验槽过程进行监督）、监理单位、施工单位对基槽进行验收，合格后各方在验槽记录上签认，施工单位方可进行下一道工序的施工。

可是施工单位对监理工程师的要求置之不理，仍然是挖完槽（或基坑）后便通知建设单位、勘察单位、设计单位到场后再通知监理工程师参加验收，致使建筑物施工图样的轴线、标高不能满足要求，甚至有时基坑不能满足建筑物边线的需要，只得组织二次验槽或验槽人员在旁立等整改，使验槽工作受阻。

引导问题 1：监理合同履行过程中监理工程师主要工作内容有哪些？

____

____

____

____

____

____

引导问题 2：对引例 1 施工单位的不规范行为在屡教不改的情况下，监理工程师应如何处理？

____

____

____

____

____

引导问题 3：以下关于监理工作的表述是否正确？如有错误，请补正。

1. 监理人应完成的监理工作包括正常工作、附加工作和额外工作。（　　）

（1）工程监理的正常工作是指双方在专用条件中约定，委托人委托的监理工作范围和内容。（　　）

（2）工程监理的附加工作是指通过双方书面协议另外增加的工作内容；因监理工作受到阻碍或延误，增加工作量或持续时间而增加的工作。（　　）

（3）工程监理的额外工作是指暂停或终止监理业务后的善后工作及恢复监理业务的工作。（　　）

2. 监理人监理合同的履行应按建设工程监理规范中规定的建设工程监理工作基本程序进行。无论出现何种变化，监理工作都必须坚持“先审核后实施、先验收后施工（下道工序）”的基本原则。（　　）

（1）监理单位应于委托监理合同签订后 15 天内将项目监理机构的组织形式、人员构成及对总监理工程师的任命书面通知建设单位。当总监理工程师需要调整时，监理单位应通知建设单位。（　　）

（2）制订工程项目监理规划应包括工程项目概况；监理工作的范围、内容、目标和依据；监理机构的组织形式及人员配备；监理工作程序、方法、措施及制度；监理设施等内容。（　　）

（3）由业主编制工程项目监理实施细则，细则应符合监理规划的要求，并应结合具体工程项目的专业特点，做到详细具体，具有可操作性。（　　）

（4）在监理规划和实施细则的指导下开展监理工作。监理机构应公正、独立、自主地开展监理工作，维护建设单位的合法权益。(　　)

（5）提交工程建设监理档案资料，主要包括施工合同文件、勘察设计文件、隐蔽工程验收资料和质量评定资料。(　　)

引导问题 4：简述建设工程监理各方关系。

____

____

____

____

____

____

引例 2

某监理公司通过竞标承担了钢厂白灰窑施工阶段的监理工作，并签订了委托监理合同。施工过程中，3 号地下通廊主体结构还未验收，而白灰窑主体大件进场，必须在 3 号通廊上通过，别无他路可行。由于参加主体验收的人员一时不能前来验收，项目经理要求先在通廊上填土修路，因为白灰窑主体安装正处在整个工程网络计划的关键线路上，不容许拖延。

引导问题 5：对这一事件监理工程师应如何处理？

____

____

____

____

____

____

____

相关测试

1. 某工程监理酬金总额 45 万元，监理单位已经缴纳的税金为 3 万元，在合同履行过程中因监理单位的责任给业主造成经济损失 60 万元。依据委托监理合同示范文本，监理单位应承担的赔偿金额为（　　）万元。

A. 45　　B. 57

C. 42　　D. 60

2. 在《建设工程委托监理合同（示范文本）》中，纲领性的法律文件是（　　）。

A. 建设工程委托监理合同　　B. 建设工程委托监理合同标准条件

C. 双方共同签署的修正文件　　D. 建设工程委托监理合同专用条件

3. 在委托监理的工程范围内，委托人与承包人的任何意见和要求，均须先向（　　）提出。

A. 业主代表　　B. 监理人

C. 总监理工程师　　D. 工程师

4. 监理工程师在履行合同义务时工作失误，给施工单位造成损失，施工单位应当要求（　　）单位赔偿损失。

A. 建设　　B. 监理

C. 监理工程师　　D. 建设和监理

5. 监理人在责任期内，如果因过失而造成经济损失要负（　　）。

A. 连带责任　　B. 全部责任

C. 监理违约的责任　　D. 监理失职的责任

二、多项选择题

1. 按照委托监理合同示范文本的规定，委托人招标选择监理人签订合同后，对双方有约束力的合同文件包括（　　）。

A. 中标函　　B. 投标保函

C. 监理合同标准条件　　D. 监理委托函

E. 标准、规范

2. 监理人执行监理业务过程中可以行使的权利包括（　　）。

A. 工程设计的建议权　　B. 工程规模的认定权

C. 工程设计变更的决定权　　D. 承包人索赔要求的审核权

E. 施工协调的主持权

3. 依据委托监理合同示范文本规定，（　　）属于额外的监理工作。

A. 合同内约定由委托人承担的义务，经协商改由监理人承担的工作

B. 由于第三方原因使工作受到阻碍导致增加的工作

C. 由于非监理人责任导致监理合同终止的善后工作

D. 应委托人要求更改服务内容而增加的工作

E. 出现不应由监理人负责，致使暂停监理任务后的恢复工作

4. 在委托监理合同中，属于监理人的义务包括（　　）。

A. 按合同约定派驻人员

B. 使用委托人提供的设施完成工作后应归还

C. 将监理机构主要成员职能分工和权限书面通知第三方

D. 负责工程施工中有关各方的协调管理

E. 负责办理施工有关的行政批准手续

5. 监理单位对监理工作承担责任的原则是（　　）。

A. 在监理合同有效期内承担责任

B. 对有关第三方违反合同规定的质量要求造成的后果承担责任

C. 在责任期内，因过失行为造成经济损失要负监理失职责任

D. 监理任务因工程进度的推迟或延误而超过议定的责任期，在双方商定的延长责任期内，继续承担责任

E. 在监理过程中对有关第三方违反合同规定的交工期限承担责任

引例 3

某国际大厦工程，地下三层，地上 24 层。建设单位准备在地下部分完成后举行典礼仪式。施工过程中，形象进度一直按照总进度计划顺利进行。但在地平层楼板钢筋绑扎完成后发现，由于试验员的疏忽，忘记进行钢筋试验，监理工程师在验收时发现这一问题后，马上要求施工单位试验员现场取样，送到有相应见证取样试验资质的试验室进行试验，可试验员回来说试验结果要在 6 天后才能出来。因为国际大厦地坪典礼日期已经确定并已发请柬通知知名人士列席参加，但试验报告又一时出不来。

引导问题 6：监理工程师应如何处理？

____

____

____

____

____

____

引例 4

四川省某高校于 2013 年 5 月与张某签订了建筑工程监理合同，委托张某对该校新图书馆的工程施工进行监理。合同约定了监理期限、监理人的权限、监理报酬等事项。张某 2002 年就已经通过建筑工程监理工程师资格考试，并取得了监理工程师执业证书。2013 年 11 月，图书馆竣工，双方均按约履行了委托监理合同。图书馆建成后，该高校发现图书馆墙体出现裂缝，存在重大的质量问题。高校遂就该问题找到了四川省某建筑工程总承包公司，双方协商未果。该高校遂就该工程质量问题将四川省某建筑工程总承包公司告上了法院，同时也以张某履行工程委托监理合同不当为由提起了诉讼，要求张某承担违约责任，赔偿其损失。

被告张某辩称其按约履行了监理合同,墙体出现裂缝的工程质量问题与自己无关,不存在违约问题，请求法院驳回原告的诉讼请求。

引导问题 7：没有资质违规签订委托监理合同如何处理？

____

____

____

____

____

____

____

引例 5

2011 年 3 月 3 日，上海某实业有限公司（以下简称实业公司）就商住公寓“海友花园”工程与上海市建筑科学研究院（以下简称建科院）签订了一份建设工程监理合同。约定：双方各派 8 名技术人员组成现场监理组，监理费 300 万元各半，工期从 2011 年 2 月 1 日至 1996 年 2 月 1 日。合同同时对监理的其他事项均作出了规定。后因住建部规定，建设单位不得自行监理，同年 9 月 21 日，上海某工程建设监理咨询公司（以下简称咨询公司）与建科院签订补充合同，该补充合同约定工程监理中原由实业公司所作监理部分改由咨询公司承担，监理费 300 万元由实业公司按原合同付款期限汇入建科院账户，再由建科院将 150 万元的监理费汇给咨询公司。实业公司退出原合同，咨询公司与建科院均按约履行了监理合同，并分别收到了实业公司支付的监理费 150 万元。

由于工程延期，2014 年 3 月 8 日，实业公司与建科院之间又签订工程建设监理补充合同，约定监理费为 120 万元，工期从 2014 年 2 月 1 日至 2015 年 2 月 1 日，付款方式为补充合同生效后 15 日内支付 20%，2014 年 9 月 1 日支付 35%，2015 年 2 月 1 日支付 35%，工程竣工后付清余款。如果工程不能完成，其监理工作再须延长，监理费另定。同年 4 月 1 日，咨询公司与建科院相应签订了一份合作监理补充合同，该合同除将监理费支付方式改为由实业公司直接支付给咨询公司和建科院各 60 万元,对合同期限、付款期限等均未作变化。实业公司于 2014 年 9 月 2 日向咨询公司支付了监理费 12 万元，2015 年 1 月 27 日又向咨询公司支付了监理费 10 万元。2014 年 9 月，咨询公司实施的海友花园监理工程被上海市工程质量监督总站评为优良。但至 2015 年 2 月 1 日合同期届满后，咨询公司因未收到实业公司拖欠的监理费仍派员驻监理现场，同年 4 月海友花园工程监理师书面通知咨询公司退场,直至同年 7 月咨询公司才撤离。咨询公司多次向实业公司催讨剩余监理费 38 万元无果，遂诉至法院。

引导问题 8：签订书面的建设工程委托监理合同的监理行为是否有效？

引例 6

某汽车大修厂与某建筑工程有限公司于 2012 年 5 月签订了建设工程施工同一份。该合同约定，汽车大修厂将其业园厂房承包给建筑工程有限公司施工。合同价款为 165 万元，承包方式为总承包，建筑工程有限公司包工包料，汽车大修厂负责水电供应，水电费由建筑工程有限公司负责，工期为 2012 年 5 月 10 日至同年 9 月 10 日。2012 年 5 月汽车大修厂又与某监理公司签订了一份建设工程委托监理合同，合同约定汽车大修厂委托监理公司对业园厂房进行施工阶段的监理，该合同对监理的各个事项都有明确的规定。汽车大修厂作为委托人在监理合同中明确了监理人的权限范围，并以补充方式特别强调监理人无单独签署索赔文件的权利。

合同签订后，建筑工程有限公司进入现场施工，监理公司也派建筑工程师入驻施工现场进行监理。但汽车大修厂始终未明确将监理人的权限范围以及监理人无单独签署索赔文件的权利告知建筑工程有限公司。施工过程中，发生了索赔事件，建筑工程有限公司遂要求监理人签署索赔文件，监理工程师应其要求签署了索赔文件。建筑工程有限公司遂拿着监理工程师签署的索赔文件要求汽车大修厂支付索赔款，汽车大修厂以该索赔未经过自己同意且监理人无权单独签署索赔文件为由拒绝支付，双方因此发生纠纷。建筑工程有限公司遂诉至法院，要求法院判决汽车大修厂支付索赔款项。

引导问题 9：承包人的损害赔偿问题如何处理？

引例 7

上海某房地产开发有限公司（以下简称房地产公司）与上海某建筑工程有限公司（以下简称建筑公司）签订了建设工程施工合同，约定由建筑公司对大家源新城（原名时利花园）进行施工。房地产公司委托上海某建设工程管理有限公司（以下简称工程管理公司）对大家源新城工程进行监理，双方于 2014 年 8 月签订了《工程建设监理合同》一份。该合同主要内容为：工程名称为时利花园，工程面积 11 万平方米，工程投资约 1.3 亿元，监理范围为投资、进度、质量控制（对合同造价所涉及的桩基、结构、外墙以及水电安装工程进行质量控制，配合业主对工程进度、工程造价等方面进行控制），工程造价暂定为 1.3 亿元，收费率为 1.1%，工程监理费为 143 万元。监理合同的监理业务自 2014 年 6 月开始实施，至 2016 年年底工程竣工。

该合同签订后，双方当事人依约履行了各自的义务。工程完工以后，房地产公司发现建筑公司在修建过程中使用了许多质量低劣的建筑材料，使该工程墙体出现了裂缝等质量问题。同时，工程管理公司明知建筑公司这一行为并在掩盖这一事实的情况下签发了大家源新城工程的接受证书，致使房地产公司遭受了重大损失。于是，房地产公司提起了诉讼，诉请法院裁决工程管理公司承担违约责任，赔偿其损失。

引导问题 10：监理人与承包商串通，遭受欺诈的业主如何依法获得赔偿？

____

____

____

____

____

____

____

引例 8

2013 年 2 月 16 日，原告某工程建设监理公司（以下简称监理公司）与被告某肿瘤医院签订了《建设工程委托监理合同》。原告因此承担肿瘤医院职工集资住宅楼施工阶段的监理任务，合同约定，监理服务按施工合同工期计算，监理报酬按工程结算价的 1.1%计付。另外，若因工程承、发包人的原因使监理工作受阻碍或延误，发生附加工作和延长了持续时间，监理公司将情况和可能发生的影响予以通知，肿瘤医院应支付附加工作报酬，以附加工作日乘以合同报酬除以监理服务日计算。原告已全面履行监理义务，工程已于 2015 年 6 月 6 日竣工验收，结算价 2 766 万元。按约定原告应收取的监理工作报酬为 2 766 万元乘以 1.1%即 304 260 元。工期从 2013 年 4 月 29 日到 2013 年 10 月 28 日，计 548 天，工期延误 228 天，产生附加工作，应按约定的方式计算附加工作报酬即 126 580 元。两项合计减去被告已支付的 175 000 元，尚欠 255 840 元，请求法院判令被告支付合同报酬 129 260 元附加工作报酬 126 580 元以及滞纳金（2015 年 10 月 20 日至 2015 年 12 月 27 日，标准为每日 0.21%）3 653. 40 元。

被告肿瘤医院辩称，其对监理工程的报酬计算方式无异议，但是原告在监理工作中不恰当履行监理义务致使被告遭受大量损失，被告在此情况下以抵销权抵销，不存在再支付问题，附加工作报酬也不成立。

引导问题 11：监理人附加工作报酬如何计算？

____

____

____

____

____

引导问题 12：请总结监理合同常见纠纷？

____

____

____

____

____

引导问题 13：根据本项目具体要求，填写表 11.1，并完成法律建议书。

表 11.1　监理合同事件表

监理合同事件表		
子项目	事件编码	日期 发生次数
事件名称和简要说明		
事件内容说明		

续表

<table>
<tr><td colspan="3">原因</td></tr>
<tr><td colspan="3">本事件的主要活动</td></tr>
<tr><td colspan="3">负责人（单位）</td></tr>
<tr><td>费用
计划
实际</td><td>其他参加者</td><td>工期
计划
实际</td></tr>
</table>

引导问题 14：监理合同履行法律意见书

（1）监理合同条件

____

____

____

____

（2）履约重点

____

____

____

____

（3）履约注意事项

____

____

____

____

____

（4）履约事件解决程序

（5）履约风险预测

（6）履约防范

（7）后期工作建议

四、任务评价

1. 此次任务完成中存在的主要问题有哪些？

2. 问题产生的原因有哪些？

3. 请提出相应的解决方法：

____

____

____

____

4. 您认为还需加强哪方面的指导（实际工作过程及理论知识）？

____

____

____

____

五、拓展训练

应用案例分析

某监理公司与业主签订的两幢大楼桩基监理合同已履行完毕，上部主体工程监理合同尚未最后正式签字。此时，业主与施工单位签订的地下室挖土合同在履行过程中，一幢楼挖土已近尾声。业主为了省钱，自己确定了一套挖土方案，施工单位明知该方案欠妥，会造成桩基破坏，但是没作任何反应（方案未经监理工程师审查），导致多数工程桩在挖土过程中桩顶偏移断裂。在大量的监测数据证明下，监理单位建议业主通知施工单位停止挖土施工，重新讨论挖土施工方案，业主接受了监理工程师的建议。改变挖土方案后，另一幢楼桩基未受任何破坏。但前一幢楼需补桩加固，花费 160 余万元，耽误工期近 8 个月。

问题：根据该案例回答以下问题。

1. 此时监理单位应该怎样做？根据是什么？

____

____

____

____

2. 多花费的 160 余万元钱应该由谁来承担？

____

____

____

____

3. 业主方是否应给总承包方增加工期?

学习情境四　建设工程安全管理法律实务

任务十二　安全管理前期法律服务

一、任务描述

一家建设单位已与A企业签订某市二环路改造项目施工合同。你现接受A企业委托，为其提供安全管理的前期法律服务，并提交该项目的安全管理前期法律意见书。

二、学习目标

（1）按照正确的方法和途径，收集安全管理相关法律资料；

（2）依据资料分析结果，确定本次安全管理工作的步骤；

（3）按照申报工作时间限定，完成该项目安全认证、安全许可申办和安全管理前期法律建议书；

（4）通过完成本任务，提出后续工作建议，完成自我评价，并提出改进意见。

三、任务实施

引例1

2010年9月29日下午1时50分许，河南A集团大电解二期在建工程氧化铝储存塔封顶浇灌作业中，因支护出现问题，造成支架垮塌，致使19名建筑工人被掩埋。该事故造成8人死亡，11人受伤。如图12.1所示。

图12.1　在建工程支架垮塌图

2010 年 9 月 30 日晚 10 时许，武汉经济技术开发区 B 街一工地发生一起惨烈事故：数吨重的钢材在被塔吊转运过程中突然坠落，两名女工当场被砸身亡，另两名女工因躲闪及时，侥幸逃生。目前，有关部门正对事故原因展开调查。

2010 年 9 月 27 日中午，在南宁市青山路 C 水产畜牧学校，第 7 栋教职工宿舍楼约 500 m^2 的脚手架轰然倒塌，如图 12.2 所示。在顶楼（七楼）脚手架上作业的 3 名工人坠落受伤，一行人被砸伤。该事故还造成 10 台空调机受损。

图 12.2 教职工宿舍楼脚手架倒塌图

引导问题 1：阅读引例 1，回答以下问题。

1. 为什么建设工程安全事故频发？

____

____

____

2. 安全管理涉及哪些工作？

____

____

____

引导问题 2：建设工程安全生产管理方针是什么？

____

____

____

引导问题 3：以下对建设工程安全生产监督管理体制的表述是否正确？如有错误，请补正。

1. 国务院负责安全生产监督管理的部门，对全国安全生产工作实施综合监督管

理；县级以上地方各级人民政府负责安全生产监督管理的部门，对本行政区域内安全生产工作实施综合监督管理。(　　)

2. 按照目前部门职能的划分，国务院负责安全生产监督管理的部门是国家质量监督管理局，地方上是各级安全生产监督管理部门。(　　)

3. 建设工程安全生产监督管理体制，实行国务院建设行政主管部门对全国的建设工程安全生产实施统一的监督管理，国务院铁路、交通、水利等有关部门按照国务院规定的职责分工分别对专业建设工程安全生产实施监督管理的模式。(　　)

4. 地方人民政府建设行政主管部门对本行政区域内的建设工程安全生产实施监督管理，地方人民政府交通、水利等各专业部门在各自的职责范围内对本行政区域内的专业建设工程安全生产实施监督管理。(　　)

引例 2

某建设工程公司效益不好，公司领导决定进行改革，减负增效。经研究后决定将公司安全部撤销，安全管理人员 8 人中，4 人下岗，4 人转岗，原安全部承担的工作转由工会中的两人负责。由于公司领导撤销安全部门，整个公司的安全工作仅仅由两名负责工会工作的人兼任，致使该公司上下对安全生产工作普遍不重视，安全生产管理混乱，经常发生人员伤亡事故。

引导问题 4：根据引例 2 回答以下问题：

1. 该公司领导的做法是否合法？

____

____

____

2. 生产经营单位对安全生产的监督管理职责有哪些？

____

____

____

____

____

____

引导问题 5：以下哪些属于建设单位的安全责任？

A. 向施工单位提供资料的责任　　　B. 依法履行合同的责任

C. 提供安全生产费用的责任　　　D. 不得推销劣质材料设备的责任

E. 提供安全施工措施资料的责任　　　F. 对拆除工程进行备案的责任

引导问题 6：法律对施工单位应具备安全生产条件作了哪些规定？

____

____

____

____

安全生产条件是指施工单位能够满足保障生产经营安全的需要，在正常情况下不会导致人员伤亡和财产损失所必需的各种系统、设施和设备以及与施工相适应的管理组织、制度和技术措施等。在对施工单位进行资质条件的审查时，除强调具备法律规定的注册资本、专业技术人员和技术装备外，还必须具备基本的安全生产条件。

引导问题 7：根据安全管理法规规定填写表 12.1、12.2。

1. 填写施工单位安全责任表。

表 12.1　施工单位安全责任表

序号	施工单位主要负责人的安全生产责任	施工单位项目负责人的安全生产责任	总承包单位与分包单位的安全责任
1			
2			
3			
4			
5			
6			

2. 填写施工单位安全保障措施表。

表 12.2　施工单位安全保障措施表

序号	施工单位安全生产经济保障措施	施工现场安全保障措施
1		
2		
3		

续表

序号	施工单位安全生产经济保障措施	施工现场安全保障措施
4		
5		
6		
7		
8		

引导问题 8：如何编制安全技术措施及专项施工方案？

引导问题 9：如何进行安全施工技术交底？

引例 3

2003 年 2 月 13 日上午 7 时 10 分，在某工程二期施工现场，钢筋班工人准备将堆放在基坑边上的钢筋原料移至钢筋加工场，钢筋工刘 × 等 3 名工人在钢筋堆旁作转运工作。由于堆放的钢筋不稳，刘 × 站在钢筋堆上不慎滑倒，被随后滚落的一捆钢筋压伤。7 时 25 分刘 × 被送到医院，经抢救无效于 12 时 20 分死亡。

引导问题 10：根据引例 3 回答以下问题：

1. 该次事故的原因是什么？

2. 如何进行做好施工现场的安全防护？

____

____

____

____

引例 4

2002 年 9 月 11 日，因台风下雨，某工程人工挖孔桩施工停工。天晴雨停后，工人们返回工作岗位进行作业。约 15 时 30 分，又下一阵雨，大部分工人停止作业返回宿舍，25 号和 7 号桩孔因地质情况特殊需继续施工（25 号由江 × × 等两人负责）。此时，配电箱进线端电线因无穿管保护，被电箱进口处割破绝缘造成电箱外壳、PE 线、提升机械以及钢丝绳、吊桶带电，江 × × 触及带电的吊桶遭电击，经抢救无效死亡。

引导问题 11：根据引例 4 回答以下问题：

1. 引起该次事故的原因是什么？

____

____

____

____

2. 安全管理法规对施工现场消防管理作出了哪些规定？

____

____

____

____

引导问题 12：房屋拆除安全管理应满足以下哪些要求？

A. 楼层内的施工垃圾，应采用封闭的垃圾道或垃圾袋运下，不得向下抛掷。

B. 施工现场临时用电必须按照国家现行标准的有关规定执行。

C. 施工单位必须落实防火安全责任制，建立义务消防组织，明确责任人，负责施工现场的日常防火安全管理工作。

D. 施工单位应从事拆除作业的人员办理意外伤害保险。

E. 拆除工程必须制定生产安全事故应急救援预案。

F. 施工单位必须依据拆除工程安全施工组织设计或安全专项施工方案，在拆除施工现场划定危险区域，并设置警戒线和相关的安全标志，应派专人监管。

G. 在恶劣的气候条件下，严禁进行拆除作业；拆除施工严禁立体交叉作业。

H. 拆除工程施工前，必须对施工作业人员进行书面安全技术交底。

I. 拆除工程开工前，应根据工程特点、构造情况、工程量等编制施工组织设计或安全专项施工方案，并应经技术负责人和总监理工程师签字批准后实施。

J. 拆除施工采用的脚手架、安全网必须由专业人员按设计方案搭设，验收合格后方可使用，水平作业时，操作人员应保持安全距离。

K. 项目经理必须对拆除工程的安全生产负全面领导责任。项目经理部应按有关规定设专职安全员，检查落实各项安全技术措施。

L. 建筑拆除工程必须由具备爆破或拆除专业承包资质的单位施工，严禁将工程非法转包。

引导问题 13：根据我国建设工程安全认证制度回答以下问题：

1. 建筑企业的安全资格认证制度包括哪些主要内容？

____

____

____

____

2. 工程项目的安全认证，主要是指开工前对安全条件的审查，其主要内容应包括以下哪些方面？（　　）

A. 施工组织设计中有无针对性的安全技术措施和专项作业安全技术方案；

B. 安全员的配备情况；

C 项目经理的安全资格条件；

D. 进入现场的机械、机具、设施是否符合安全规定等。

3. 以下对防护用品、安全设施、机械设备等安全认证的表述是否正确？如有错误，请补正。

对防护用品、安全设施、机械设备等进行安全认证，主要是指对进入施工现场使用的各类防护用品、电气产品、安全设施、架设机具、机械设备等要进行检验、检测，凡技术指标和安全性能不合格的，不得在施工现场中使用。（　　）

4. 如何进行专职安全人员资格认证？

____

____

____

____

相关测试

1. 为了加强安全管理，政府要求施工单位要为从业人员缴纳工伤社会保险，关于该保险费缴纳的说法正确的是（　　）。

A. 施工单位与劳动者各缴纳一半

B. 施工单位全额缴纳

C. 劳动者全额缴纳

D. 施工单位与劳动者在合同中约定缴纳办法

2. 某污水处理工程准备开工，下面对施工措施审查的说法正确的是（　　）。

A. 建设行政主管部门无权审查施工措施

B. 应施工单位的申请，建设行政主管部门才能审查施工措施

C. 建设行政主管部门有权审查施工措施，但可以酌情收费

D. 建设行政主管部门有权审查施工措施，但不得收费

3. 某工厂有闲置用房，现准备对外出租给一钢结构施工企业，根据《安全生产法》规定，下列表述正确的是（　　）。

A. 工厂应核查该企业是否有资质证书

B. 工厂不得要求查看企业的资质证书

C. 是否核查资质证书由工厂决定

D. 不需核查该企业是否有资质证书

4. 学生张某暑假到某工地打工，项目负责人曾与工人王某口头商定，不管出现任何事故，公司最多赔付 5 000 元。后在施工中，由于王某疏忽致使扣件坠落，砸伤了张某，发生医疗费 7 000 元。下述说法正确的是（　　）。

A. 公司最多赔偿 5 000 元

B. 张某应要求王某赔偿

C. 公司应赔偿医疗费 7 000 元

D. 公司应赔偿 6 000 元医疗费，另 1 000 元由张某赔偿

5. 张某在脚手架上施工时，发现部分扣件松动而可能倒塌，所以停止了作业，这属于从业人员在行使（　　）。

A. 知情权　　　B. 拒绝权　　　C. 紧急避险权

6. 下列行为中没有违反《安全生产法》的是（　　）。

A. 甲发现了安全事故隐患后没有向现场安全管理人员报告，后发生事故

B. 乙发现脚手架要倒塌，在没有采取其他措施的情况下迅速逃离现场

C. 项目经理强行要求有恐高症的丙高空作业

D. 丁没有按照本单位要求在施工现场戴安全帽

7. 某施工单位固定资产 600 万，从业人员 1 000 人。根据《安全生产法》规定，下述说法正确的是（　　）。

A. 应当建立应急救援组织

B. 可不建立应急救援组织，但应指定专职应急救援人员

C. 可不建立应急救援组织，但应指定兼职应急救援人员

D. 可不建立应急救援组织，但应当配备必要的应急救援器材设备

8. 下列行为中没有违反《安全生产法》的是（　　）。

A. 甲在发生安全事故后立即报告了本单位负责人，但是报告中的伤亡人数少于后来确定的人数

B. 安全事故发生地的地方人民政府在安全事故发生后，组织有关人员对安全事故调查，调查结果确定一个月后将事故情况上报

C. 安全事故发生地的地方人民政府在上报的报告中有意遗漏伤亡人数

D. 单位负责人在接到安全事故报告后没有迅速赶到事故现场

9. 某施工现场发生了安全生产事故，堆放石料的料堆坍塌，最终导致了三名工人死亡。工人张某在现场目睹了整个事故的全过程，于是立即向本单位负责人报告。由于张某看埋了五名工人，他就推测这五名工人均已经死，于是立即向本单位负责人报告说五名工遇难。此数字与实际数字不符。

（1）对此你认为该工人是否违法（　　）。

A. 违法

B. 如果其实际看到的不是五名工人，就违法

C. 不违法

D. 不能确定

（2）如果张某看到这件事后没有立即向本单位负责人报告，则（　　）。

A. 不违法，是否去报告是公民的权利

B. 不违法，因为张骏江不是安全管理人员

C. 违法，因为可能导致救援迟缓，伤亡扩大

D. 不一定，是否违法取决于其是否同时向安全生产主管部门报告

（3）如果某工人预见到了料堆要坍塌，赶紧逃离了现场，则（　　）。

A. 违法，因为只有在通知其他工人后才可逃离

B. 违约，因为没有按照合同履行劳动的义务

C. 不违法，这是在行使紧急避险权

D. 不违约，因为这是不可抗力

10. 为施工现场从事危险作业人员办理意外伤害保险是（　　）的责任。

A. 总承包单位　　　　B. 监理单位责任

C. 分包单位　　　　D. 建设单位

11. 某工业厂房进行改建，工业厂房附近有一个二层楼，一楼存放的是白磷、红磷、硫等化学物品，二楼暂时闲置。由于空间狭窄，施工单位与建设单位协商使用二层楼，下列说法正确的是（　　）。

A. 二楼可以作为员工宿舍　　B. 二楼可以作为现场临时仓储用房

C. 经安全部门同意可作员工宿舍　　D. 整栋楼不得作员工宿舍

E. 整栋楼不得作办公用房

12. 某建筑构件公司由于安全生产资金投入不足造成两人受伤，（　　）应当对此承担。

A. 企业法定代表人　　B. 该公司财务总监

C. 该公司经理　　D. 该公司的安全管理人员

E. 该公司的工会小组负责人

13. 某施工单位项目部在城市街区进行深基坑开挖工程，依照、安全生产法的规定，以下表述正确的是（　　）。

A. 施工单位应当登记建档

B. 施工单位应当制定紧急预案

C. 施工单位作的应急措施应经安全监督部门批准

D. 施工单位作的应急措施应经安全监督部门论证

E. 施工单位作的应急措施应经安全监督部门备案

14. 张某系某施工单位工人，办理了工伤社会保险与人身意外伤害保险。在从事某工程外墙面装修时，不慎坠落，造成三级残废，下列表述正确的是（　　）。

A. 张某可要求享受工伤保险

B. 张某有权要求本单位赔偿

C. 张某享受工伤保险，但不得要求单位赔偿

D. 张某享受工伤保险，还可要求单位赔偿

E. 张某向保险公司主张人身意外伤害保险索赔时，就不得要求工伤社会保险

15. 安全生产监督管理部门的下述做法错误的有（　　）。

A. 要求施工单位购买其认可的安全防护用品 B. 向施工单位推荐安全设各产品目录

C. 在安全设备检验时，仅收取检验成本费

D. 在检查中发现事故隐患，责令立即排除

E. 检查中发现从业人员未戴安全帽，即要求停工整顿

引导问题 14：根据我国建设工程安全生产许可制度，回答以下问题：

1. 安全生产许可证的管理机关是哪个？

2. 下列哪些是安全生产许可证的取得条件？

（1）建立、健全安全生产责任制，制定完备的安全生产规章制度和操作规程。

（2）保证本单位安全生产条件所需资金的投入。

（3）设置安全生产管理机构，按照国家有关规定配备专职安全生产管理人员。

（4）主要负责人、项目负责人、专职安全生产管理人员经建设主管部门或者其他有关部门考核合格。

（5）特种作业人员经有关业务主管部门考核合格，取得特种作业操作资格证书。

（6）管理人员和作业人员每年至少进行一次安全生产教育培训并考核合格。

（7）依法参加工伤保险，依法为施工现场从事危险作业的人员办理意外伤害保险，为从业人员交纳保险费。

（8）施工现场的办公、生活区及作业场所和安全防护用具、机械设备、施工机具及配件符合有关安全生产法律、法规、标准和规程的要求。

（9）有职业危害防治措施，并为作业人员配备符合国家标准或者行业标准的安全防护用具和安全防护服装。

（10）有对危险性较大的分部分项工程及施工现场易发生重大事故的部位、环节的预防、监控措施和应急预案。

（11）有生产安全事故应急救援预案、应急救援组织或者应急救援人员，配备必要的应急救援器材、设备。

引导问题 15：请为本项目施工单位完成安全认证和安全许可申办。

1. 确定本项目安全认证的主要内容和工作步骤。

____

____

____

____

____

____

____

____

2. 确定本次安全生产许可证的申办流程。

____

____

____

____

3. 检查本次许可申办所需资料是否齐全？完成表 12.3。

表 12.3　安全许可资料清查表

许可申办资料清单 （对照申办内容及格式要求）	完成时间	责任人	任务完成则划"√"
			□
			□
			□
			□
			□
			□
			□

相关链接

建筑施工企业从事建筑施工活动前，应当依照规定向省级以上建设主管部门申请领取安全生产许可证。中央管理的建筑施工企业（集团公司、总公司）应当向国务院建设主管部门申请领取安全生产许可证；其他建筑施工企业，包括中央管理的建筑施工企业（集团公司、总公司）下属的建筑施工企业应当向企业注册所在地省、自治区、直辖市人民政府建设主管部门申请领取安全生产许可证。

引导问题 16：根据本项目要求，提交一份安全管理前期法律意见书。

1. 涉及法律制度与强制要求

____

____

____

____

2. 管理内容

____

____

____

____

3. 管理重点

4. 安全风险

5. 法律防范

四、任务评价

1. 此次任务完成中存在的主要问题有哪些？

2. 问题产生的原因有哪些？

3. 请提出相应的解决方法：

4. 您认为还需加强哪方面的指导（实际工作过程及理论知识）？

____

____

____

____

____

____

____

五、拓展训练

应用案例分析

2004 年 5 月 12 日上午 9 时许，某市二期工程工地，一高达 75 m 的拆卸烟囱物料提升架突然向南倾翻，正在料架上进行高空拆卸作业的 30 余名农民工被瞬间从不同高度抛下，造成 21 人死亡，10 人受伤（其中 4 人伤势严重）。该案发生后，该市检察院成立了案件协调小组，与纪检、公安等有关部门密切配合，在案发第一线全力以赴审查办理该案。经查：2003 年 10 月，某建设公司中标承建了此二期工程。2004 年 4 月，该公司项目经理马某将中标的烟囱工程违规转包给不具备工程施工资质的承建人刘某。为了节省开支，减少投入费用，刘某等人自行购买材料和物料提升架，并让不具备高空作业资格的农民工进行安装拆卸。5 月 12 日，刘某在明知物料提升架固定在烟囱上的两处缆绳被拆除的情况下，违反操作规程，组织民工冒险作业拆除物料提升架，导致惨剧发生。

问题：根据该案例回答以下问题：

1. 我国对工程重大事故的等级是如何规定的？本案属于几级事故？

2. 发生重大事故后的报告和调查程序是怎样的？

3. 谁是施工现场管理的责任人和责任单位？

4. 为避免事故的发生，应当如何加强建筑安全生产管理？

任务十三　安全事故与法律纠纷处理

一、任务描述

一家建设单位与 A 企业签订的某市二环路改造项目施工合同正在履行。你现接受 A 企业委托，为其提供安全管理的后期法律服务，并提交该项目的安全管理后期法律意见书。

二、学习目标

（1）按照正确的方法和途径，收集与安全管理相关的法律资料；

（2）依据资料分析结果，确定该次任务工作步骤；

（3）按照工作时间限定，完成该次安全事故和相关法律纠纷处理，并提交后期法律建议书；

（4）通过完成该任务，提出后续工作建议，完成自我评价，并提出改进意见。

三、任务实施

引例 1

某工程公司承建某道路改造工程，施工中发现路段中有一污水池埋在地下，需要对其进行抽水，但几天过后，水仍未抽完。该路段施工负责人张某便安排土石方班工人在池南侧墙角上开凿排水口，由于污水池是毛石混凝土结构，人工开凿有难度，安全员罗某安排炮工放了一炮，最后在污水池墙角开成一个高约 1 m、顶宽为 30 ~ 40 cm 的倒三角形的排污口进行排污。但是排污口仍无法排完池里的污水，施工员又安排土石方班沿池侧墙开挖一条排污沟槽，并在排污沟槽内对池侧墙底部开洞排污。经过开挖，沟槽接近污水池底部。开挖过程中，污水池顶部的三根连梁已被凿掉两根。某日因下雨停工后，第二天土石方班继续开挖和清理污水槽底，当沿污水池纵墙垂直下挖的沟槽底部低于化粪池底板时，污水池纵墙从开口处开始坍塌，在该段沟槽内作业的 5 名工人中有 3 人被压在了毛石混凝土墙下，其中 2 人当场死亡，1 人在送到医院后经抢救无效死亡。

引导问题 1：阅读引例 1，回答以下问题。

1. 引起该安全事故的原因有哪些？

____

____

____

2. 由此可采取哪些预防措施？

____

____

____

引例 2

2014 年 8 月 11 日 17 时 40 分，北京 × ×门立交桥南侧国家经委二期工程工地，A 座主体结构南侧的可分段式整体提升脚手架从 44.3 m 高处坠落，造成一起 8 人死亡，5 人重伤，6 人轻伤的特大因工伤亡事故（包括一名地面人员）。

事故发生的过程及原因并不复杂。该工程由 × ×建筑工程公司总承包，外装修工程采用可分段式整体提升脚手架施工。可分段式整体提升脚手架单项工程分包给某部队工程队负责施工。8 月 11 日，A 座的可分段式整个提升脚手架需从 13 层降至 12 层，下降高度为 3.5 m，现场作业人员在既没有工长和安全员到现场检查确认，也没有清退架上施工人员的情况下，盲目进行降架作业。17 时 40 分，由于 14 层 17#承重螺栓安装不合理，造成螺栓变形，17#、18#螺栓相继断裂；脚手架使用材料重量超过设计重量，加之架上操作人员的负荷，使得其承重螺栓长时间处于超载状态，进而造成南侧的 10 根承重螺栓全部被切断，南侧架体自 44.3 m 高处坠落。

引导问题 2：阅读引例 2，回答以下问题。

1. 引起事故的主要原因有哪些？

____

____

____

2. 哪些主体应对事故承担法律责任？

____

____

____

引导问题 3：通过对引例 1、引例 2 的分析，回答以下问题。

1. 施工单位应具备哪些安全生产条件？

____

____

____

____

2. 常见的安全事故有哪些？

______

______

______

3. 处理安全事故的基本程序是什么？法律有哪些强制要求？

______

______

______

______

______

引例 3

某建筑施工单位有从业人员 1 000 多人。该单位安全部门的负责人多次向主要负责人提出要建立应急救援组织。但单位负责人另有看法，认为建立这样一个组织，平时用不上，还需要花钱养着，划不来；真有了事情，可以向上级报告，请求他们给予支援就行了。由于单位主要负责人只有这样的思想认识，该建筑施工单位就一直没有建立应急救援组织。后来，有关部门在进行监督和检查时，责令该单位立即建立应急救援组织。

引导问题 4：该单位是否存在违法之处？

______

______

______

______

引导问题 5：根据制定生产安全事故应急救援预案的规定，施工单位生产安全事故应制定急救援预案。以下表述中哪些正确？

A. 施工单位生产安全事故应急救援预案的制定

B. 建立专门从事应急救援工作的组织机构

C. 对一些施工规模较小、从业人员较少、发生事故时应急救援任务相对较轻的施工单位，可以配备能够胜任的兼职应急救援人员，来保证应急救援预案的实施。

D. 对一些施工规模较小、从业人员较少、发生事故时应急救援任务相对较轻的施工单位，可以配备能够胜任的兼职应急救援人员，来保证应急救援预案的实施。

E. 施工单位为了保证发生生产安全事故时能按各类针对性预案实施救援，按照《中华人民共和国消防法》第六条“对职工进行消防安全培训”的规定，普及消防知识。

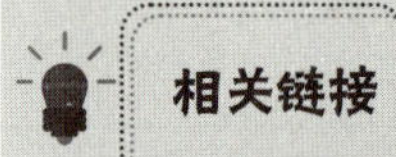

《建设工程安全生产管理条例》第四十九条规定，施工单位应当根据建设工程施工的特点、范围，对施工现场易发生重大事故的部位、环节进行监控，制定施工现场生产安全事故应急救援预案。实行施工总承包的，由总承包单位统一组织编制建设工程生产安全事故应急救援预案，工程总承包单位和分包单位按照应急救援预案，各自建立应急救援组织或者配备应急救援人员，配备救援器材、设备，并定期组织演练。

引导问题 6：根据我国生产安全事故报告制度，下列表述哪些正确，如有错误请补正。

1. 特别重大事故、重大事故逐级上报至国务院安全生产监督管理部门和负有安全生产监督管理职责的有关部门。(　　)

2. 较大事故逐级上报至市级人民政府安全生产监督管理部门和负有安全生产监督管理职责的有关部门。(　　)

3. 一般事故上报至县级人民政府安全生产监督管理部门和负有安全生产监督管理职责的有关部门。(　　)

4. 安全生产监督管理部门和负有安全生产监督管理职责的有关部门逐级上报事故情况，每级上报的时间不得超过 48 小时。

5. 报告事故应当包括：事故发生单位概况；事故发生的时间、地点以及事故现场情况；事故的简要经过；事故已经造成或者可能造成的伤亡人数（包括下落不明的人数）和初步估计的直接经济损失；已经采取的措施；其他应当报告的情况。(　　)

6. 事故报告后出现新情况的，应当及时补报。自事故发生之日起 60 日内，事故造成的伤亡人数发生变化的，应当及时补报。(　　)

应用案例 1

2014 年 4 月月底，某市胶鞋二厂准备拆除旧厂房，然后重新建筑厂房，以适应生产规模扩大的需要。该厂委会经研究决定，主要由本厂职工进行拆除丁作，具体工作由该厂炼胶车间主任陈某负责。需要拆除的旧厂房，是一幢二间二层的厂房，长 7 m，高约 6 m，宽 6.2 m，坐西朝东。一楼隔墙西部有一扇 3.08 m 宽的铁拉门，门洞宽 3 m，用两块 330 mm × 120 mm × 250 mm 的预制水泥扛梁，嵌固在门洞两边的砖墙上。5 月 31 日上午，陈某带领 6 名职工先将铁拉门拆下，又将 5 隔窗框和一条木楼梯拆除。然后，上二楼平顶拆除屋顶板。他们为了把五孔板分离开来，就用大铁锤敲打，还用凿子凿。这天上午，他们敲凿完东墙檐口和北墙靠东部分，下午上班后，继续进行。约 12 时 25 分，由于一楼铁拉门上方两块钢筋被拉断，另一块被压而弯曲，中间隔墙首先倒塌，二楼楼顶中间突然下塌，房子因此全部坍塌，正在拆房工作的 7 名职工全部被埋在坍塌的砖石中，造成 6 人死亡、1 人重伤的恶性事故。

引导问题 7：该事故发生后，应如何处理？

____

____

____

____

____

引例 4

5 月 22 日 16 时 50 分，A 县建筑工程总公司承建的 A 县贸易广场商业中心商住楼 D1 栋工程施工工地发生一起高处坠落事故，造成 1 人死亡。事故发生后，市安委会组织市安监局会同 A 县建设局、A 县安监局、A 县总工会、A 县公安局等有关部门组成调查组，对事故进行了调查，并提交了《A 县贸易广场商业中心商住楼 D1 栋“2004.5.22”高处坠落死亡事故调查分析报告》。经研究，现批复如下：

一、事故调查工作符合《企业职工伤亡事故报告和处理规定》（国务院 75 号令）、《江西省企业职工伤亡事故调查处理办法》（赣府发〔1999〕44 号）等有关法律法规的规定。

二、原则同意《调查报告》对事故原因的分析和性质的认定，该起事故为生产责任事故。A 县贸易广场商业中心商住楼 D1 楼北面未搭设外脚手架、未设置任何安全防护措施，施工现场不具备安全生产条件，是导致事故发生的直接原因。A 县建筑工程总公司将工程项目非法分包，未组织对从业人员进行安全教育和培训，有关部门对发现存在的重大事故隐患查处不力，是导致事故发生的主要原因。这是一起生产性责任事故。

三、对事故责任人员的处理意见

1. A 县建筑工程总公司经理、A 县贸易广场商业中心商住楼项目经理陈某，未全面履行安全生产管理责任，未保证本单位安全生产投入的有效实施，对施工现场存在的事故隐患未组织整改，对本起事故负有直接管理责任。建设行政主管部门不予通过其项目经理的年审，暂停其一年的项目经理资格。同时，依据《安全生产法》第八十二条第二款、《安全生产违法行为行政处罚办法》第二十六条第二款第（一）项的规定，依法给予陈某罚款 2 万元的行政处罚。

2. A 县贸易广场商业中心商住楼 D1 栋承包人郭某，不具备相应资质和管理能力，非法承揽房建项目；安全生产所必需的资金投入不足，致使该商业中心商住楼 D1 栋施工现场不具备安全生产条件，对本起事故负有直接重要责任。依据《安全生产法》第八十条第二款、《安全生产违法行为行政处罚办法》第三十五条第二款第（一）项的规定，依法给予郭某罚款 2 万元的行政处罚。

3. A 县建设局安监站站长、施工现场质（安）监员谭某，对该项目的安全工作监管不力，发现 D1 栋商住楼北面长期未搭设外脚手架，未依法采取果断措施予以纠正，致使该事故隐患长期存在，导致 D1 栋商住楼不具备安全生产条件，对本起事故负有监管责任，建议 A 县监察局依照有关规定给予相应的行政处分。

4. 工程项目现场监理徐某，发现问题仅仅向施工单位下发了整改通知，在施工单位未整改而继续施工的情况下，未依法要求施工单位暂时停止施工，未及时向建设行政主管部门报告，致使 D1 栋商住楼北面长期未搭设外脚手架，导致 D1 栋商住楼不具备安全生产条件，对本起事故负有直接监理责任，责令停止执业一年。

5. A 县建筑工程总公司，将贸易广场商业中心商住楼 D1 栋的建设工程项目非法给不具备相应资质的个人承建，未组织对从业人员的培训教育。依据《安全生产法》第八十六条、《安全生产违法行为行政处罚办法》第四十三条第（二）项的规定，依法给予 A 县建筑工程总公司罚款 3 万元的行政处罚。

6. B 市工程建设监理有限公司，作为该施工项目的监理单位，安排未取得国家注册监理工程师资格的林某为项目总监，违反《建设工程质量管理条例》第三十七条的规定，对事故的发生负有一定的责任。建议建设行政主管部门依法处理。对上述责任人员和责任单位的处理，由各主管部门按照法定职责依法处理。其中，对相关责任人员和责任单位的行政处罚由市安监局依法作出。

四、防范措施

1. 切实采取有效措施，认真吸取事故教训，要加强对建筑施工单位的监督管理，及时消除安全隐患。

2. 加强对施工现场的管理，加大安全生产投入，完善安全设施，严格落实各项安全生产责任制。

3. 强化对从业人员的安全生产培训教育，增强他们的安全意识，提高他们的操作技能，确保安全生产。

引导问题 8：阅读引例 4，简述《生产安全事故报告和调查处理条例》所规定的事故调查和处理办法。

____

____

____

____

____

____

____

____

引例 5

2014 年 4 月 6 日，在江苏某建设集团下属公司承接的某高层 5 号房工地上，项目部安排瓦工薛某、唐某拆除西单元楼内电梯井隔离防护。由于木工在支设 12 层电梯井时少预留西北角一个销轴洞，因而在设置十二层防护隔离时，西北角的搁置点采用一根 ф48 钢管从 11 层支撑至 12 层作为补救措施。由于薛某、唐某在作业时，均未按要求使用安全带操作，而且颠倒拆除程序，先拆除 11 层隔离（薛某将用于补救措施的钢管亦一起拆掉），后拆除 12 层隔离。上午 10 时 30 分，薛某在进入电梯井西北角拆除防护隔离板时，三个搁置点的钢管框架发生倾翻，人随防护隔离一起从 12 层（32 m 处）高空坠落至电梯井底。事故发生后，工地负责人立即派人将薛某急送至医院，但因薛某伤势严重，经抢救无效，于当日 12 时 30 分死亡。

引导问题 9：根据引例 5 回答以下问题：

1. 事故原因是什么？

____

____

____

____

2. 对事故责任者应如何处理？

____

____

____

____

3. 整改措施有哪些？

____

____

____

____

相关链接

1. 施工单位有下列行为之一的，责令限期改正；逾期未改正的，责令停业整顿，依照《中华人民共和国安全生产法》的有关规定处以罚款；造成重大安全事故，构成犯罪的，对直接责任人员，依照刑法有关规定追究刑事责任：

（1）未设立安全生产管理机构、配备专职安全生产管理人员或者分部分项工程施工时无专职安全生产管理人员现场监督的。

（2）施工单位的主要负责人、项目负责人、专职安全生产管理人员、作业人员或者特种作业人员，未经安全教育培训或者经考核不合格即从事相关工作的。

（3）未在施工现场的危险部位设置明显的安全警示标志，或者未按照国家有关规定在施工现场设置消防通道、消防水源、配备消防设施和灭火器材的。

2. 作业人员违章作业的法律责任

作业人员不服管理、违反规章制度和操作规程冒险作业造成重大伤亡事故或者其他严重后果，构成犯罪的，依照刑法有关规定追究刑事责任。

3. 降低安全生产条件的法律责任

施工单位取得资质证书后，降低安全生产条件的，责令限期改正；经整改仍未达到与其资质等级相适应的安全生产条件的，责令停业整顿，降低其资质等级直至吊销资质证书。

应用案例 2

2014 年 3 月 13 日，在江苏某市政公司承接的苏州河滞留污水截流工程金钟路某号段工地上，施工单位正在做工程前期准备工作。为了交接地下管线情况、土质情况及实测原有排水管涵位置标高，下午 15 时 30 分开始地下管线探摸、样槽开挖作业。下午 16 时 30 分左右，当挖掘机将样槽挖至约 2 m 深时，突然土体发生塌方，当时正在坑底进行挡土板作业的工人周某避让不及，身体头部以下被埋入土中，事故发生后，现场项目经理、施工人员立即组织人员进行抢救，并通知 120 救护中心、119 消防部门赶赴现场抢救，虽经多方抢救但未能成功，下午 17 时 20 分左右，周某在某中心医院死亡。

引导问题 10：根据该案例，回答以下问题：

1. 该事故发生后，应采取哪些应急措施？如何上报？

____

____

____

____

____

2. 如何追究事故责任？

____

____

3. 应提出哪些整改和预防措施？

引例 6

某建筑工程公司（以下简称建筑公司）承包了一段省道建设工程任务，于 1999 年对该段道路进行修复与拓宽，在拓宽过程中需要进行爆破开山。施工工程进行到东乡村路段爆破施工时，爆破引起的飞石击中正在附近田地里耕作的李某，致使李某腰部受伤，花去医药费八千余元。李某事后多次找建筑公司协商解决，但被建筑公司负责人拒绝。其拒绝理由为，建筑公司负责人认为他们在爆破开始前已经由施工工人告知了施工现场附近的人员，认定已履行了告知义务，李某不按其告知内容躲避而被飞石击中，应由李某自己承担后果。于是，李某将建筑公司告上法庭，要求对方承担自己的医药费、误工费等。

引导问题 11：爆破施工时如何正确履行告知义务？

建筑从业人员的权利：1. 签订合法劳动合同权；2. 知情权；3. 建议、批评、检举、控告权；4. 对违章指挥、强令冒险作业的拒绝权；5. 停止作业及紧急撤离权；6. 依法获得赔偿权。

引例 7

海口 A 制罐有限公司在海口市仙桥一里筹建职工住宅楼，该工程由琼山市 B 建筑工程公司总承包，海口 A 制罐有限公司与琼山市 B 建筑工程公司于 2014 年 3 月 8 日签订了《建筑工程承包合同书》。其后，琼山市 B 建筑工程公司又将桩基工程分包给 C 省建筑设计院。C 省建筑设计院 2014 年 5 月 6 日、7 日压桩施工，震坏了陈某的房屋，陈某于 5 月 8 日向被告单位工地经理报告，并强烈要求立即停止侵害自己的合法权益，并作出赔偿。被告 C 省建筑设计院 5 月 9 日虽然派人上门查看，进行了登记，且已知道原告房屋所震裂的程度，但一直没再给原告答复，仍然继续违法施工，也没有向海口市城建局等有关部门报告。陈某 5 月 24 日不得不向海口市城建局报告，当日上午海口市城建局派出专家和领导查看现场，肯定了所看到的裂缝，多数裂缝是打桩造成的，有些旧裂缝也加宽了。海口市城建局相关负责人最后总结发言，希望业主和施工单位对发生的问题要认真对待，不处理好问题，不能恢复压桩施工。但被告对海口市城建局领导和专家的意见置之不理，仍然采取静压预制桩施工。6 月 1 9 日 6 时 40 分，施工造成陈某房屋已产生的裂缝更宽，陈某蒙受更多损失。后陈某起诉至法院，要求被告对其损害房屋的行为进行赔偿。

引导问题 12：他人建筑施工损害自己房屋可以要求赔偿吗？

____

____

____

____

____

____

引例 8

2014 年 2 月，原告刘某到 A 市第二建筑有限公司（以下简称二建公司）职工住宅楼从事水暖安装工作，日工资 27 元。同年 6 月 5 日刘某在安装三楼暖气管道施工中，被楼旁的高压电击伤。经几个月抢救治疗，花去医疗费 12 万元。此后因无医疗费用不得不中止治疗，现已成为“植物人”。在治疗过程中，经梁某、李某之手分几次支付医疗费 41 000 元后，就拒绝再支付医疗费用。二建公司职工住宅楼不符合施工的安全要求，该工程的建设单位和施工单位均为二建公司。梁某、李某代表本部门承包了该工程，江某系锅炉安装处的领班人，原告在施工中受伤，各被告应对原告承担赔偿责任。原告起诉要求各被告赔偿医疗费、误工费、住院伙食补助费、营养费、护理费、残疾人生活补助费、继续治疗费、被扶养人生活费、交通费、住宿费及精神损害赔偿费，共计 484 883 元。

被告二建公司辩称，我方对原告受伤不负任何责任。原告不是我公司职工，不存在劳动关系，我公司与原告也不存在民事合同关系。我公司没有过错，要求我方承担责任于法无据。原告说职工住宅楼不符合要求没有事实根据。鉴于上述事实和理由，应依法驳回原告的起诉。

引导问题 13：未签劳动合同的工人在施工现场受伤如何获赔？

____

____

____

____

____

____

引例 9

2015 年 12 月 2 日 10 时许，黎某头戴驾驶摩托车的头盔未经高明市 A 建筑工程公司（以下简称 A 建筑公司）允许进入正在施工的高明区泰和路阳光新屯工地推销产品，被施工现场坠落的木板击中受伤，原告黎某被送到医院接受治疗。另查，A 建筑公司承建的阳光新工地四周封闭，只有北面留有一门口出入，并安装有铁门，在门口的正上方及铁门的正面悬挂有“当心落物”等警示标志。

原审认为，原告未与被告有任何的业务往来，也不是被告工地的员工，其不是必须进入被告的工地的。而原告未经被告允许擅自进入被告正在施工的工地现场，其应该意识到潜在的危险。因此，原告无故进入被告的工地，过错在于原告，这也是这次损害事件的起因，原告对其自身受到的损害应承担相应的责任。被告的工地四周封闭，只留有一个出入口，且在出人口处悬挂有“当心落物”等警示标志，作为工地管理人的被告已尽了注意义务，其对原告受到的损害没有过错。因此原告的诉讼请求不成立，不予支持，判决驳回原告黎某的诉讼请求。

引导问题 14：施工单位充分履行了安全防范措施义务时，对他人在施工现场受伤可以免责吗？

____

____

____

____

____

____

____

引导问题 15：根据本项目情况，完成安全事故防范与处理法律意见书。

引导问题 16：根据本项目情况，完成安全管理法律纠纷防范与处理法律意见书。

1. 常见纠纷种类

2. 安全风险

3. 管理重点

4. 防范措施

5. 处理办法

四、任务评价

1. 此次任务完成中存在的主要问题有哪些？

2. 问题产生的原因有哪些？

3. 请提出相应的解决方法：

4. 您认为还需加强哪方面的指导（实际工作过程及理论知识）？

五、拓展训练

应用案例分析

案例 1

哈尔滨市某大厦外装饰工程为玻璃幕墙和挂石材幕墙，幕墙高度 148 m，由哈尔滨某集团分包给沈阳某铝门窗公司承包，铝窗公司承包后又雇用浙江省 A 县建筑队（个体）进行施工。

该装饰工程施工脚手架采用无锡市某建筑机械厂生产的 ZLD80 高处作业吊篮，并由该厂派人安装和培训操作人员。

2015 年 3 月 24 日施工期间，当 4 名作业人员搬运 4 块花岗岩石板（每块重 60 kg）进入到吊篮内，准备从 16 层向下运送到 8 层与 9 层之间的作业位置，当吊篮下降到 11 层与 12 层之间时，吊篮右侧钢丝绳突然断开，吊篮随即倾斜，而 4 人进入吊篮时又没有及时将安全带扣挂牢，于是 4 人及物料全部坠落，其中 1 人坠落在 5 层的脚手架上（至重伤），另外 3 人，1 人坠落在 5 层平台上，2 人坠落到地面，事故共造成 3 人死亡，1 人重伤。

问题：事故原因是什么？该事故应如何处理？该事故应作出哪些预防对策？

案例 2

某城乡建设工程总公司（以下简称工程公司）于 2015 年承包了某市交通指挥大厦工程的建设任务，由于该大厦靠近住宅区，建设单位和城乡建设工程总公司在施工开始之前对于施工地点附近的一部分居民给付了扰民费，进行了扰民安置工作。在施工开始以后，周围的其他未得到安置补偿的居民认为自己也应该得到补偿，遂向工程公司提出要求给予扰民补偿费用，工程公司没有给予答复，于是当地居民经常上工地闹事。工程公司为了防止居民继续进工地闹事，在进出大门安排了保安，禁止外人进入现场。某日当地居民撬开大门进入现场并与保安发生了争执，保安劝大家离场并解释扰民费的问题应该找工程公司解决，现在负责人不在现场，施工现场都是建筑工人。居民并不答应，一位妇女说“今天不解决就不走”，并站在施工机械下面不让继续施工。施工工人见状去拉这名妇女，在推攘中引发冲突，进而升级为斗殴。而此时这名妇女由于过于激动，导致本来就有的心脏病发作，倒地不起，送进医院后经抢救无效死亡。

死者家属将工程公司告上法院，原告认为被告没有按照某市关于在施工现场外 50 m 以内进行施工扰民给予扰民费的规定执行扰民安置工作，而死者的死亡是与施工方冲突并被殴打所致，要求被告赔偿扰民费和死者的抢救费、丧葬费、抚恤费、误工费等损失。

被告辩称，施工现场外 50 m 以内要进行补偿的规定的前提必须是噪声分贝超过国家规定的标准，而自己施工的分贝并未超过国家标准，不需要对所有 50 m 以内的居民进行补偿，当地政府颁布的规定与国家法律规定有冲突应该按国家法律办理。而死者因为采取了不正确的闹事行为引发双方冲突，并且是由于自身心脏病发作致死并非被施工人员殴打，所以不同意原告的所有赔偿要求。

问题：建设工程噪声污染扰民如何处理？

学习情境五　建设工程质量管理法律实务

任务十四　质量管理前期法律服务

一、任务描述

一家建设单位已与A企业签订某市二环路改造项目施工合同。你现接受A企业委托，为其提供质量管理的前期法律服务，并提交该项目所需法律意见书。

二、学习目标

（1）按照正确的方法和途径，收集与质量管理相关的法律资料；

（2）依据资料分析结果，明确发承双方质量保障义务，参与编制项目质量计划；

（3）按照工作时间限定，提出质量保障体系和质量验收工作法律建议；

（4）通过完成该任务，提出后续工作建议，完成自我评价，并提出改进意见。

三、任务实施

引例1

河南某“楼歪歪”未验收即交房　业主挂牌抗议

如图14.1所示，业主装修时发现楼房歪斜，用线锤吊测的土办法测试，发现顶楼到地面歪斜了将近30 cm。有人调侃其为“某版的楼歪歪”。该市住房和城乡建设局称，此歪楼是该市10余年来最严重的建筑质量问题。但该起事故与主管部门无关，因为工程尚未在政府建设工程质量监督部门实施竣工备案。

图14.1　某市“楼歪歪”

记者调查发现，这起歪楼事件，“歪”出一些政府主管部门的责任缺失：未通过竣工验收备案就交房，楼房质量和面积测量由某些指定部门垄断，“独门生意”让政府公信力下降等。对于所谓10年来最严重的质量问题，该市住房和城乡建设局尚没有追究相关人员的责任。

引导问题 1：阅读引例 1，回答以下问题：

1. 引例 1 中的工程质量问题可能是哪些原因引起的？

2. 目前我国对工程质量监督体制存在哪些问题？

质量管理法规立法现状

2000 年 1 月 30 日国务院制定了与《中华人民共和国建筑法》相配套的《建设工程质量管理条例》，它对建筑市场主体的质量责任和义务作出了明确而具体的规定。国务院建设行政主管部门及相关部门也曾先后颁发了许多调整建设工程质量管理的建设行政部门规章及一般规范性文件，如《建设工程质量监督条例（试行）》（1983 年）、《建设工程质量建设工程质量检验工作规定》（1985 年）、《关于确保工程质量的几项措施》（1986 年）、《建设工程质量监督管理规定》（1990 年）、《关于提高住宅工程质量的规定》（1992 年）、《关于建筑企业加强质量管理工作的意见》（1995 年）、《房屋建设工程质量保修办法》（2000 年）、《建设工程勘察质量管理办法》（2002 年）、《建设工程质量保证金管理办法（暂行）》（2005 年）等。

引导问题 2：建设工程质量的特性主要表现在哪几个方面？

引导问题 3:《工程建设国家标准管理办法》第三条规定，国家标准分为强制性标准和推荐性标准。下列标准哪些属于强制性标准？（　　）

A. 工程建设勘察、规划、设计、施工（包括安装）及验收等通用的综合标准和重要的通用的质量标准。

B. 工程建设通用的有关安全、卫生和环境保护的标准。

C. 工程建设重要的通用的术语、符号、代号、量与单位、建筑模数和制图方法标准。

D. 工程建设重要的通用的试验、检验和评定方法等标准。

E. 工程建设重要的通用的信息技术标准。

F. 国家需要控制的其他工程建设通用的标准。

引导问题 4：在工程建设强制性标准实施方面，针对建筑市场主体的质量责任，下列表述是否正确？如有错误，请补正。

1. 建设单位不得明示或暗示设计单位或施工单位违反工程建设强制性标准，降低建设工程质量。（　　）

2. 勘察单位、设计单位可按照工程建设强制性标准进行勘察、设计，并对勘察、设计的质量负责。（　　）

3. 施工单位应参照工程设计图纸和施工技术标准施工，如修改工程设计必须得到建设单位同意，不得偷工减料。（　　）

4. 工程监理单位应当依照法律、法规以及有关技术标准、设计文件和建设工程承包合同，以自己的名义对施工质量实施监理，并对施工质量承担监理责任。（　　）

5. 严格执行工程建设强制性标准是工程建设主体的法定义务，是工程建设从业人员的法定责任，违法了强制性标准即为违法，要承担相应的民事和刑事责任。（　　）

引导问题 5：根据工程建设强制性标准的监督管理制度，回答以下问题：

1. 监督检查机关是哪个？

____

____

____

____

2. 监督检查的内容有哪些？

____

____

____

____

引导问题 6：如何建立质量管理体系？如何保障其运行？

引例 2

某质量监督站派出的监督人员到施工现场进行检查，发现工程进度相对于施工合同中约定的进度，已经严重滞后。于是，质量监督站的监督人员对施工单位和监理单位提出了批评，并拟对其进行行政处罚。

引导问题 7：根据该引例回答以下问题：

1. 你认为引例中质量监督站的决定正确吗？

2. 请简述我国建设工程质量监督制度。

相关链接

建设工程质量监督机构的主要职能

1. 监督检查施工现场工程建设参与各方主体的质量行为。核查施工现场工程建设各方主体及有关人员的资质或资格；检查勘察、设计、施工、监理单位的质量保证体系和质量责任制落实情况；检查有关质量文件、技术资料是否齐全并符合规定。

2. 监督检查建设工程实体的施工质量。主要是建设工程地基基础、主体结构和其他涉及结构安全和使用功能的施工质量。

3. 监督工程竣工质量验收。监督建设单位组织的工程竣工验收的组织形式、验收程序以及在验收过程中提供的有关资料和形成的质量评定文件是否符合有关规定；实体质量是否存有严重缺陷，工程质量验收是否符合国家标准。

引例 3

某施工承包单位承接了某市重点工程，该工程为现浇框架结构，地下 2 层，地上 11 层。在该工程地下室顶板施工过程中，钢筋已经送检。施工单位为了在雨季到来之前完成基础施工，在钢筋送检没有得到检验结果前，未经监理工程师许可，擅自进行混凝土施工。待地下室顶板混凝土浇筑完毕后，钢筋检测结果也出来了，发现此批钢筋有一项重要指标不符合规范要求，造成该地下室顶板工程返工。

引导问题 8：根据该引例回答以下问题：

1. 该事件应如何处理？

2. 请简述我国建筑材料的使用许可制度。

应用案例 1

某工程设计为有防水要求的筏形基础，采用 C50、P12 混凝土，承包商的施工方案确定使用泵送商品混凝土，并与混凝土供应商签订合同。商品混凝土随到随用，由于现场调配的问题，商品混凝土在现场等待时间过长，施工单位没有对商品混凝土及时进行和易性检验，混凝土坍落度太低，混凝土不能及时从管中泵出。结果在基础浇筑施工 3 小时后发生了堵管现象。由于已经浇筑完毕的混凝土初凝，导致拟连续浇筑的基础不能形成一个整体，产生了人为施工缝，给工程造成了损失。

引导问题 9：该案例中的质量责任应该由谁承担？

引例 4

某综合楼为现浇框架结构，地下 1 层，地上 8 层。主体结构施工到第 6 层时，发现 2 层竖向结构混凝土试块强度达不到设计要求，委托省级有资质的检测单位对 2 层竖向实体结构进行检测鉴定，认定 2 层竖向实体结构强度能够达到设计要求。

引导问题 10：根据该引例回答以下问题：

1. 引例 4 中的 2 层竖向结构的质量应如何验收？

2. 请总结工程竣工验收的程序与组织工作。

引例 5

某工程，建设单位与甲施工单位签订了施工合同，与丙监理单位签订了监理合同。经建设单位同意，甲施工单位确定乙施工单位作为分包单位，并签订了分包合同。

施工过程中，专业监理工程师在巡视中发现，乙施工单位施工的在施部位存在质量隐患，随即向甲施工单位签发了整改通知。甲施工单位回函称，本单位对乙施工单位施工的工程质量不承担责任。

工程完工，甲施工单位向建设单位提交了竣工验收报告后，建设单位于 2006 年 9 月 20 日组织勘察、设计、施工、监理等单位进行竣工验收，工程竣工验收通过，各单位分别签署了工程质量《竣工验收鉴定证书》。建设单位于 2007 年 3 月办理了工程竣工备案。2008 年 2 月，该工程排水管道严重漏水，建设单位要求甲施工单位无偿修理。

引导问题 11：请根据该引例回答以下问题：

1. 甲施工单位回函的说法是否正确？

2. 甲施工单位是否应无偿修理？

3. 请简述我国建设工程保修责任。

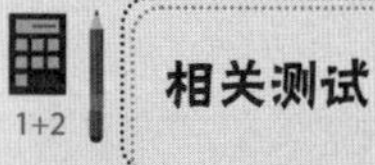

一、单项选择题

1.《建设工程质量管理条例》第三十八条规定，监理工程师应当按照工程监理规范的要求，建设工程实施监理，应当采取旁站、巡视和（　　）等形式。

A. 督促　　B. 书面通知

C. 检查　　D. 平行检验

2.《建设工程质量管理条例》第四十九条规定，建设单位应当自建设工程竣工验收合格之日起（　　）日内，将建设工程竣工验收报告和规划、公安消防、环保等部门出具的认可文件或者准许使用文件报建设行政主管部门或者其他有关部门备案。

A. 5　　B. 7

C. 15　　D. 14

3.《建设工程质量管理条例》第四十条规定，在正常使用条件下，屋面防水工程、有防水要求的卫生间、房间和外墙面的防渗漏，最低保修期限为（　　）。

A. 1 年　　B. 2 年

C. 5 年　　D. 设计年限

4.《建设工程质量管理条例》第四十条规定，在正常使用条件下，电气管道、给排水管道、设备安装和装修工程，最低保修期限为（　　）。

A. 1 年　　B. 2 年

C. 5 年　　D. 设计年限

5.《建设工程质量管理条例》第四十条规定，在正常使用条件下，基础设施工程、房屋建筑的地基基础工程和主体结构工程，最低保修期限为（　　）。

A. 1 年　　B. 2 年

C. 5 年　　D. 设计年限

二、多项选择题

1.《中华人民共和国标准化法》按照标准的级别，将标准分为（　　）。

A. 强制性标准　　B. 推荐性标准

C. 国际标准　　D. 行业标准E. 地方标准

2. 建筑材料使用许可制度是为了保证建设工程使用的建筑材料符合现行的国家标准、设计要求和合同约定，确保建设工程质量而制定的。建筑材料使用许可制度包括建筑材料（　　）。

A. 生产许可制度　　B. 产品质量认证制度

C. 强制性使用制度　　D. 产品推荐制度E. 进场检验制度

3.《建设工程质量管理条例》规定，关于建设单位的质量责任和义务的说法不正确的有（　　）。

A. 可将建设工程肢解发包　　B. 采购合格的建筑材料

C. 送审施工图的责任　　D. 提供的原始资料允许有偏差

E. 组织主体结构的验收

4.《建设工程质量管理条例》第二十二条规定，设计单位在设计文件中选用的建筑材料、建筑构配件和设备，应当注明规格、型号和性能等技术指标，其质量要求必须符合国家规定的标准。设计单位可以指定（　　）。

A. 生产商　　B. 供应商

C. 中介机构　　D. 有特殊要求的建筑材料

E. 有特殊要求的专用设备

5.《建设工程质量管理条例》规定，关于施工单位的质量责任和义务的说法正确的有（　　）。

A 依法挂靠　　B. 依法转包

C. 依法分包　　D. 见证取样的责任

E. 按图施工的责任

引例 6

某工程建筑面积 35 000 m^2，建筑高度 115 m，为 36 层现浇框架-剪力墙结构，地下 2 层；抗震设防烈度为 8 度，由某市建筑公司总承包，工程于 2004 年 2 月 18 日开工。工程开工后，由项目经理部质量负责人组织编制施工项目质量计划。

引导问题 12：根据该引例回答以下问题？

1. 项目经理部质量负责人组织编制施工项目质量计划做法对吗？为什么？

2. 施工项目质量计划的编制要求有哪些？

3. 项目质量控制的方针和基本程序是什么？

引导问题 13：请根据本项目具体情况，确定本次应承担的质量保障责任。

引导问题 14：根据本次质量保障责任确定本项目的质量管理重点。

引导问题 15：根据质量管理重点编制本项目质量计划的法律建议书。

引导问题 16：为本项目的质量保障体系的建立与运行提出法律建议。

引导问题 17：参与本项目竣工验收，根据验收要求，准备法律资料和提出法律建议。

1. 法律资料

2. 法律建议

四、任务评价

1. 此次任务完成中存在的主要问题有哪些？

2. 问题产生的原因有哪些？

3. 请提出相应的解决方法：

4. 您认为还需加强哪方面的指导（实际工作过程及理论知识）？

____

____

____

____

____

____

____

五、拓展训练

应用案例分析

被告：湖南湘潭 A 建筑工程公司

法定代表人：冯某

委托代理人：李某

委托代理人：胡某

原告江西B生物制药有限公司与被告湖南湘潭A建筑工程公司建筑工程施工合同质量纠纷一案，本院受理后，依法组成合议庭，公开开庭进行了审理。原告委托代理人何某、谭某，被告委托代理人李某、胡某到庭参加了诉讼。本案现已审理终结。

原告江西 B 生物制药有限公司诉称，2004 年 7 月 23 日，原告与被告签订了一份“江西省建设工程施工承包合同”，双方约定由被告承包原告的提取车间、办公楼、职工宿舍、公用工程等一万多平方米的建筑工程的土建及配套附属工程。之后，原告按合同履行了义务，但被告不严格按设计图纸施工，质量意识差，施工质量低劣，为此，原告曾多次向被告提出，工程质量不符合要求的要返工处理，被告只是口头上承诺，没有实际行动。不得已原告才向质检部门投诉。2006 年 8 月 25 日，莲花县建筑工程质量监督站作出了《关于江西 B 生物制药有限公司提取车间的工程质量报告》，该报告称，经现场对一层框架柱随机抽查、破损砼保护层查验，施工单位有严重的偷工减料行为，以上问题的存在严重地影响到结构安全和设备工艺的使用功能。因其质量问题也严重影响了原告今后的生产经营活动。为此，请求法院依法判令被告立即返工修复问题工程或支付返工费用 232 044.32 元，赔偿因工程质量问题给原告造成的损失 7 万元，并由被告承担本案诉讼费。

被告湖南湘潭 A 建筑工程公司辩称：被告自 2004 年 7 月 23 日签订承包工程合同，2004 年 8 月就正式破土动工，9 月动工建设提取车间，施工期间，市县领导多次到现场进行视察，并对我方前期施工的工程给予好评和肯定，但原告一直未办报建手续，也不派驻施工员。至 2004 年 10 月 18 日止，我方根据预算已完成了 110 万元的工程量，可直到这年春节前总计给付了 32 万元，使得我方民工工资及材料都无法到位，中途被迫停工，给我方造成巨大的经济损失。2005 年 10 月，在原告承诺下，被告继续施工，但一个多月后，原告一而再，再而三地严重违约，不付预期款项。在施工过程中，我方严格按照设计图纸施工，所进材料送检试验合格后再用，虽然在后期出现了一点小问题，都是因为原告资金不到位，骗农民工，影响农民工工作态度和积极性，造成我项目部无法管理所致，但我方可以保证绝对没什么严重的质量问题而影响原告今后的生产经营。而原告在 2006 年 3 月 10 日单方终止施工合同，在未办理任何交接手续和组织验收的情况下，强行将我方施工人员赶出现场，对我方在三年以来的巨大经济损失未给予任何赔偿和补偿，连双方认可的工程款所欠部分都不支付。原告为拒付我方工程款，而以工程质量为由，是昧着良心做事。

问题：该案的争论焦点是什么？具体涉及哪些问题？应如何处理？

任务十五　质量管理事件与法律纠纷处理

一、任务描述

一家建设单位已与 A 企业签订的某市二环路改造项目施工合同正在履行。你现接受 A 企业委托，为其提供质量管理的后期法律服务，并提交该项目的质量管理后期法律意见书。

二、学习目标

（1）按照正确的方法和途径，收集与质量管理相关的法律资料；

（2）依据资料分析结果，确定本次任务的工作步骤；

（3）按照时间限定，完成本次质量管理事件和相关法律纠纷处理，并提交后期法律建议书；

（4）通过完成本次任务，提出后续工作建议，完成自我评价，并提出改进意见。

三、任务实施

引例 1

如图 15.1 所示，A 地产陷入质量纠纷的项目一个接着一个。位于上海市青浦区的知名楼盘 A 桃园近日又发生质量纠纷，据业主反映，截至 9 月，该项目已发生数十种质量问题，这些质量问题涉及渗水、门窗五金、给排水、外墙、室内墙及地面、绿化等六大项 27 个小项。以房屋整体多处渗水为例，具体问题主要表现在八个方面：地下室底板和混凝土墙二次浇捣时未捣实，造成地下室底板和墙面接缝处渗水；地下室底板留孔防水未做好，造成地下室卫生间及污水池渗水；地下室底板防水未做或底板厚度未达标，造成地下室底板整体渗水；一层以上窗框和外墙留缝处未用防水砂浆填实，造成窗框周边渗水；二层小屋面伸缩缝防水未做好，造成一层客厅整堵墙渗水；外墙 GRC 线条安装后和面砖之间未填缝，外墙空心砌块砂浆未填实，造成内墙多处呈块状渗水；出屋面粪管留洞防水未做好，造成屋面板渗水；三楼露台与外墙的交接处严重渗水，造成整个墙面潮湿。而负责此项目的 A 地产子公司——上海 B 房地产开发有限公司（以下简称 B 开发）对这些质量问题并未迅速有效地进行整改。

业主的代理律师认为，一旦查证这些质量问题是在竣工验收之前就已产生，开发商的这种行为将涉嫌欺诈，就应承担相应行政责任和民事责任。截至发稿前，A 地产对出现质量问题的原因及相关处理结果没有回应。

图 15.1 A 地产

引导问题 1：阅读引例 1，回答以下问题：

1. 该资料反映出建设工程行业业哪些常见问题？

2. 在建设工程施工中容易出现哪些质量事件？

3. 常见质量纠纷有哪些？

引例 2

A 房地产开发公司投资开发了一项花园工程。由 B 建筑安装工程总公司负责施工，由 C 建材供 D 水泥厂生产的水泥。1995 年 9 月 15 日，建材公司提供的 20 t 水泥进入工地，B 建筑安装工程总公司送检测试，结论为合格水泥。之后，C 建材公司陆续组织水泥进场，共计 680 t。同年 10 月 11 日，B 公司从 C 公司供应的水泥中再次抽样送检，经检验确认为废品水泥。此时水泥已用去 613 t，分别浇筑在花园工程 A 楼的 12

层至15层。经有关部门检测，第12层至15层的混凝土强度不合设计要求，市建设工程质量监督总站决定对第12层至15层推倒重浇。A公司于是向人民法院起诉B公司、C公司和D厂，要求三方被告赔偿经济损失。

引导问题2：根据该引例回答以下问题：

1. 如果施工合同明确约定水泥由甲方供应，责任应如何区分？

2. 如果施工合同明确约定水泥由乙方供应，责任应如何区分？

3. 对第二种情况，监理单位应承担什么责任？

引例3

某承包商承接某工程，占地面积 $1.63\times10^4\ m^2$，建筑层数地上22层，地下2层，基础类型为桩基筏式承台板，结构形式为现浇剪力墙，混凝土采用商品混凝土，强度等级有C25、C30、C35、C40级，钢筋采用HRB355级。屋面防水采用SBS改性沥青防水卷材，外墙面喷涂，内墙面和顶棚刮腻子喷大白，屋面保温采用憎水珍珠岩，外墙保温采用聚苯保温板。根据要求，该工程实行工程监理。

引导问题3：根据该引例，回答以下问题：

1. 对进场材料质量管理的基本要求是什么？

2. 承包商对进场材料如何向监理报验？

3. 对该工程的钢筋工程验收要点有哪些？

引例 4

A 金融大厦工程项目投入使用五年后，计划重新对金融大厦进行装饰装修。本工程通过公开招投标确定由 B 建筑装饰公司承担施工任务，在工程施工合同的鉴订中，双方约定工程项目的装修施工质量应达到公司的企业标准（已通过审核认定）。在工程开工前，施工单位在上报的工程资料中，用工程装饰装修质量计划文件代替装饰工程施工组织设计，建设单位工程师以不符合要求为由予以拒绝。

引导问题 4：根据该引例，回答以下问题：

1. 建筑装饰装修工程质量计划是以什么标准为基础的管理文件？

2. 建设单位工程师的做法是否正确，试说明两者的区别。

引例 5

某白灰窑主体工程项目采用预应力高强混凝土管桩（PHc 型）基础，管桩规格为外径 550 mm，壁厚 125 mm，单节长等于或小于 15 m，混凝土强度等级为 C80，设计管桩深度为 23.5 m。建设单位以公开招标的方式委托了某监理公司承担了施工阶段的监理任务。工程涉及土建施工、打桩和混凝土管桩的制作。

引导问题 5：根据该引例，回答以下问题：

1. 打桩施工单位如何进行管桩的检查验收？

____

____

____

____

2. 如果发现管桩制作单位违反合同规定的交货日期延期交货或经现场检查管桩质量不合格，对施工进度造成影响时，施工方应向谁提出索赔？

____

____

____

____

____

____

引例 6

2010 年 4 月 19 日，A 公司作为发包单位、B 公司作为承包单位，签订施工总包合同一份，约定：A 公司将某住宅小区工程项目发包给 B 公司；2011 年 5 月，B 公司将第一期工程交付给 A 公司。后由于所交付的房屋出现雨后墙面、地下室等渗水现象，A 公司指出 B 公司交付的第一期工程存在渗水、漏水等质量问题，并提出相应的整改意见。其中与本案相关的 1 号 101 室有多次渗水报修的记录，另该房屋与 2 号 102 室伸缩缝之间有建筑垃圾。

2015 年年初，第一期工程项目中的 1 号 101 室业主和 2 号 102 室业主以 A 公司所售房屋存在渗水等质量问题，造成房屋内装修损害为由，分别向法院提起诉讼，要求 A 公司赔偿装修损失，A 公司分别向两户业主作出了赔偿。现 A 公司以 B 公司施工存在质量问题为由，提起诉讼，请求判令 B 公司承担因房屋施工质量问题造成 A 公司赔偿的装修损失及承担本案诉讼费。

在 A 公司与上述两户业主的诉讼过程中，双方对 1 号 101 室及 2 号 102 室的装修损坏原因未申请鉴定，A 公司确认系房屋渗水等质量问题导致；对于装修损失的具体数额，双方亦未申请评估。

在一审审理期间，根据 B 公司的申请，法院委托上海市室内装饰质量监督检验站对本案诉争的两套房屋是否存在质量问题以及房屋质量问题形成的原因进行鉴定。鉴定中，该两套房屋业主不配合，致使鉴定未果。

审理中，双方当事人确认，本案诉争房屋于 2011 年竣工交房后发生渗水，分别于

2011 年、2012 年、2014 年进行维修，在 2014 年进行维修时发现房屋伸缩缝有建筑垃圾，遂对其予以清除并进行维修，之后再未发生渗水。

引导问题 6：施工方是否对其施工的工程质量缺陷承担责任？

____

____

____

____

引例 7

2014 年 10 月，某县第二建筑工程公司通过招标方式总承包该县第一中学的新教学楼兴建和旧教学楼装修工程。第二建筑工程公司与第一中学签订承包合同时，为确保按期完成工程任务，经第一中学同意，将总承包工程项目中的旧教学楼装修工程分包给该县某乡建筑队，合同中明确约定第二建筑工程公司要对某乡建筑队的施工质量负责。2015 年 6 月，该项建设工程全部竣工，但在进行工程验收时，发现某乡建筑队分包的旧教学楼装修工程没有达到质量要求。经查，原因是某乡建筑队负责该项装修工程的施工队伍未取得相应等级的资质证书，技术力量明显不足，所使用的装饰材料也明显达不到合同约定的质量标准。据此，建设单位第一中学要求第二建筑工程公司负责返修。经协商未果，第一中学诉至某县人民法院。

引导问题 7：分包单位施工质量不合格，总承包单位是否对建设单位承担质量责任？

____

____

____

____

引例 8

A 房地产开发商与 B 建设集团签订了《工程总承包合同》，约定由 B 建设集团承包 A 房地产开发商开发的某高层住宅小区的施工工程。工程范围包括桩基、基础围护等土建工程和室内电话排管、排线等安装工程。在该合同中，双方还约定，A 房地产开发商可以指定分包大部分安装工程和一部分土建工程。对于不属于总包单位 B 建设集团承包的范围但需总包单位进行配合的项目，可以收取 2%的配合费；工程工期为 455 天，质量必须全部达到优良，否则，A 房地产开发商则按未达优良工程建筑面积每平方米 10 元处罚 B 建设集团；分包单位的任何违约或疏忽，均视为总包单位的违约或疏忽。

总包单位 B 建设集团如约进场施工，A 房地产开发商也先后将包括塑钢门窗、铸铁栏杆、防水卷材在内的 24 项工程分包出去。然而在施工过程中，由于双方对合同中关于某些工程“可以指定分包”的理解发生争执，并且分包单位对指定购买的建筑材料、建筑构配件、设备不符合强制性标准，导致高层住宅小区存在严重的工程质量问题。在争议期间，A 房地产开发商拖延支付进度款，B 建设集团也相应停止施工。数次协商未果，B 建设集团起诉到上海市某区人民法院，要求 A 房地产开发商给付工程款并赔偿损失，同时要求解除工程承包合同。

引导问题 8：肢解发包建设工程所造成的建筑物质量问题发包人是否应当承担责任？

____

____

____

引例 9

A 市工商支行与 B 农场建筑工程队于 2002 年 7 月 26 日签订了一份建筑安装工程施工合同。合同约定：B 农场建筑工程队为 A 市工商支行建设一幢面积 22 806 m^2 的住宅楼；2002 年 8 月 10 日开工，2004 年 7 月 1 日竣工。合同还约定，工程总造价为 942 万元，一次包干；同时合同还对双方各自的责任、付款与结算办法及奖罚作出了规定。

在合同履行中，由于 B 农场建筑工程队施工措施不力，技术水平、组织管理水平较低及 A 市工商支行未能及时提供图纸，工程没有按期完工。双方于 2003 年 6 月 27 日在 A 市市公证部门主持下就该工程达成协议，继续执行原合同，并将工程竣工时间顺延至 2005 年 11 月 15 日。B 农场建筑工程队遂加班加点，按期完工，并向 A 市工商支行发出了交工通知书。A 市工商支行请质量监督部门对工程进行验收。经验收合格后，A 市工商支行接受了该住宅楼，并与 B 农场建筑工程队按照约定的方式和期限进行了工程决算，支付了全部工程款。

但在 A 市工商支行员工搬入住宅楼的半年后，工程基础出现沉降现象，底层住户家中地板出现较大的裂缝。

A 市工商支行认为这是由于 B 农场建筑工程队施工水平低下造成工程质量低劣所致，遂向人民法院起诉，要求 B 农场建筑工程队在规定期限内无偿返工或修理，并赔偿 A 市工商支行因此遭受的经济损失，承担违约责任。

引导问题 9：勘察、设计单位是否对勘察、设计的质量负责？

____

____

引例 10

1999 年 12 月，A 县教育局修建一栋宿舍楼，通过招标方式将工程施工承包给该县第一建筑公司。为保证建筑施工质量，教育局又与 A 县建设工程监理公司签订委托监理合同，委托建设工程监理公司对建筑工程施工进行监督。双方在委托合同中约定，建设工程监理公司应当选派具有相应资质的监理工程师进驻施工现场对施工情况进行监督。并约定，进入施工现场的建筑材料、建筑构配件和设备，未经监理工程师检验签字，不得使用。但施工一个月后，建设工程监理公司将原选派到施工现场的监理工程师指派到其他施工现场监督，而另行委派该监理单位一位不具有监理工程师任职资格的职工实施监理。由于该名职工不具有相应资质，又缺乏监理经验，致使施工单位乘机将部分不符合质量要求的水泥使用到工程上。

2000 年 7 月，该工程全部竣工。验收时发现部分房屋的地板及顶层地板有开裂和脱落的现象，经查，原因为施工单位使用的部分水泥标号不符合要求，施工质量差。教育局认为施工单位和监理单位对施工质量不合格都负有责任，诉至该县人民法院，要求二单位进行修复并赔偿损失。

引导问题 10：监理单位未尽管理职责造成工程质量不符合要求，是否应承担质量责任？

应用案例 1

A 总公司建造营业大厦，B 建筑公司中标承建该营业大厦。但是，原定于 2002 年 11 月交付的工程，因出现有关质量争议没有如期竣工。A 总公司不能及时营业，经营严重受损，遂起诉要求 B 建筑公司承担逾期交工的违约责任，而 B 建筑公司认为，因为质量争议前后经过两次鉴定，应当扣除鉴定的时间。在诉讼前，因营业大厦的质量问题双方发生争议。市建筑工程质量检测中心对大厦现浇楼面混凝土厚度进行检测，发现 29 项中有 17 项不合格；对现浇楼面钢筋间距的检测，发现 2 ~ 8 楼均存在超过允许偏差的问题；对大梁开凿检测，发现少了 3 根 22 cm 的钢筋。参与工程建设的一名木工向有关部门反映，大厦开始施工后，由于施工人员素质较差，放线方位不准，桩基灌注后，发现有 60%以上桩基偏位，向外倾斜。对此，施工人员在夜间或将钢筋弯折至正确位置，或切割后重新放置钢筋再浇筑。这在工程施工中是绝对不允许的。后来，双方又委托省建设工程质检站对工程质量进行鉴定，其出具的《工程质量鉴定报告》认为，大厦工程施工时，钢筋位置偏位和桩的有效截面积减小（有的柱有效截面积减小超过 10%），不能保证结构安全使用，混凝土现浇板的厚度不符合施工验收规范允许偏差的规定，混凝土工程中存在露筋等质量问题。

引导问题 11：建筑工程竣工前对质量的争议期间应如何进行处理？

____

____

____

____

____

____

____

____

应用案例 2

1994 年 9 月 23 日，A 公司与 B 公司签订《隐框玻璃幕墙、铝板幕墙等工程供货合同》及上述项目的《安装合同》两份。安装合同规定安装内容的名称、数量、单价分别为：① 12 mm 透明玻璃幕墙 175 m^2，每平方米 240 元；乳白色烤漆球形网架 175 m^2，每平方米 104 元；15 mm 大型透明玻璃墙 240 m^2，每平方米 340 元；② 6 mm 半透明绿色进口镀膜玻璃幕墙 3 563.30 m^2，每平方米 250 元；③ 日本进口 4 mm 阿波力克复合铝板幕墙 1 404 m^2，每平方米 277 元。合计工程款 1 422 245.66 元。合同约定收到 A 公司预付工程款 1 个月内，安装人员正式进场；该工程于 1995 年 4 月 25 日完工。同时合同还对双方职责、付款进度、质量保证、售后服务及工程结算按实结算，单价不变作了约定。合同签订后，双方按约履行合同。1996 年 12 月 18 日，A 公司签署该工程竣工验收证明书。1997 年 5 月 10 日经某质监站验收合格。1996 年 8 月 6 日，A 公司与 B 公司对安装合同进行结算，结算书明确工程款 1 870 994.98 元及所用材料品种、数量、单价之后，A 公司认为由于 B 公司在安装过程中使用了非钢化玻璃，导致了工程质量不符合设计要求、安装的非钢化玻璃出现自爆现象。A 公司发函告知 B 公司有关工程质量问题，但 B 公司未予处理。1999 年 8 月，A 公司委托某建筑科学研究院对 B 公司安装的玻璃幕墙进行检查，该建筑科学研究院经检测，非钢化玻璃占 29%。据此，A 公司多次要求 B 公司调换钢化玻璃未成，A 公司遂向原审法院提出诉讼，要求 B 公司调换不符合约定的非钢化玻璃幕墙，返还 A 公司安装工程款 223 045.95 元及赔偿违约金 608 820.22 元。B 公司认为安装的玻璃材料经双方认可，发生自爆现象是工程队在施工中，地砖与幕墙玻璃间未留缝隙所致，故不同意 A 公司的诉讼请求。

引导问题 12：应如何解决该纠纷？

引导问题 13：通过以上案例的处理，总结质量事件与纠纷的处理程序与方法。

引导问题 14：根据本项目具体要求，填写表 15.1。

表 15.1　质量管理事件表

<table>
<tr><td colspan="3">质量管理事件表</td></tr>
<tr><td>子项目</td><td>事件编码</td><td>日期
发生次数</td></tr>
<tr><td colspan="3">事件名称和简要说明</td></tr>
<tr><td colspan="3">事件内容说明</td></tr>
</table>

续表

<table>
<tr><td colspan="3">原因

</td></tr>
<tr><td colspan="3">本事件的主要活动

</td></tr>
<tr><td colspan="3">负责人（单位）

</td></tr>
<tr><td>费用
计划
实际</td><td>其他参加者</td><td>工期
计划
实际</td></tr>
</table>

引导问题 15：提交本项目质量事件与纠纷处理的法律建议书。

四、任务评价

1. 此次任务完成中存在的主要问题有哪些？

2. 问题产生的原因有哪些？

3. 请提出相应的解决方法：

4. 您认为还需加强哪方面的指导（实际工作过程及理论知识）？

五、拓展训练

应用案例分析

2001 年 6 月 18 日，被告徐州市建设局向第三人徐州市 A 房地产开发有限公司（以下简称 A 房产公司）颁发徐建验证（15）号《住宅竣工验收合格证书》（以下简称 15 号验收合格证），认定：A 房产公司建设的世纪花园 1—6 号、11 号住宅楼经专家组验收，验评得分 80.5 分，符合验收标准，具备入住条件。原告夏某认为该证书侵犯其合法权益，向徐州市云龙区人民法院提起行政诉讼，云龙区人民法院将此案移送徐州市泉山区人民法院，泉山区人民法院追加 A 房产公司为第三人公开审理了此案。

原告夏某诉称：B 花园小区内有第三人 A 房产公司给原告提供的拆迁安置房。由于该房质量不合格，且第三人还拖欠着过渡房费，原告提起民事诉讼，在诉讼中得知，B 花园小区是经被告徐州市建设局验收的合格工程。原告认为，在被告验收时，B 花园住宅小区尚未安装电表，明显不具备竣工合格条件，被告却为第三人颁发验收合格证，严重损害原告利益。请求判令撤销被告颁发的 15 号验收合格证。

徐州市泉山区人民法院经审理认为：被告徐州市建设局是徐州市的建设行政主管部门，具备组织实施城市住宅小区竣工综合验收的法定职责；验收合格证是建设行政主管部门履行综合验收职责、确认住宅符合验收标准的载体，徐州市建设局具有颁发验收合格证的主体资格。原告夏某如果对该小区的单项工程质量存在异议，可依建设工程保修制度或投诉制度保护自身合法权益。夏某以单项工程质量存在的问题否定徐州市建设局对 B 花园住宅小区的竣工综合验收工作，理由不能成立。

一审宣判后，夏某不服，向徐州市中级人民法院提出上诉。理由是：B 花园 1—6 号楼、11 号楼未执行现行的建筑设计国家标准，还存在擅自改动图纸及房屋结构，以至外观整体造型不美观等问题，属建筑设计、规划设计验收标准中的应保证项目不合格；厨房、卫生间及墙体多处漏水，无地漏，水电未安装到位，地基深度不够，说明工程质量不合格；供电、供水设施不齐全，不能正常运转，说明公建配套设施和市政基础设施不合格；建筑垃圾在验收时未全部清运，说明物业管理不合格。存在这么多问题的住宅楼，根本不具备验收条件。在此情况下，被上诉人徐州市建设局仍向第三人恒信房产公司颁发 15 号验收合格证，违反相关规定，应当撤销。一审认定事实不清，适用法律错误，请求二审改判。

徐州市中级人民法院经审理，认定的案件事实与一审无异。故驳回上诉，维持原判。

问题：该案的争论焦点是什么？涉及哪些问题？应如何处理？

学习情境六　建设工程相关经济法规案例分析训练

任务十六　相关经济法规案例训练

一、任务描述

在提供建设工程法律服务过程中，如要圆满完成法律实务工作，还需运用其他一些相关的经济法规。你应在本次任务中完成相关应用案例的分析。

二、学习目标

（1）熟悉公司法、劳动法相关法规，掌握处理相关法律纠纷的程序和方法；
（2）熟悉工程保险和税法等法规，掌握处理相关法律纠纷的程序和方法；
（3）通过对相关案例的分析处理，进一步提高前几个学习情景任务的完成能力；
（4）熟悉环保法规，掌握处理相关法律纠纷的程序和方法；
（5）熟悉节能、消防法规等，掌握处理相关法律纠纷的程序和方法；
（6）熟悉工程档案管理等法规，掌握处理相关法律纠纷的程序和方法；
（7）通过对相关案例的分析处理，进一步提高前几个学习情景任务的完成能力。

三、任务实施

引导问题 1：在完成建设项目法律实务中，除前几个情境学习的建设法规之外，还涉及哪些经济法规？公司法和劳动法在工程建设中涉及哪些规定？

相关测试

不定项选择

1. B公司是A建筑公司的分公司，C公司是A建筑公司的子公司。B公司在某项目的施工过程中出现了重大安全事故，C因拖欠D公司建筑材料款，被提起诉讼。以下分析正确的是（　　）。

A. 重大安全事故责任由A公司承担

B. 重大安全事故责任由B公司承担

C. A公司对建筑材料款有支付义务

D. A公司不对建筑材料款承担支付义务

E. 建筑材料款由C公司自己承担

2. 甲公司出资30%，乙公司出资70%共同设立建筑工程有限责任公司丙（注册资本3 000万元），关于双方《投资协议》中的约定，以下说法正确的是（　　）

A. 甲货币出资1 000万

B. 甲以某地块的使用权出资，但未做使用权变更登记

C. 甲以机器设备出资，但对该设备未作价格评估

D. 乙以劳务出资

E. 乙以业绩出资

3. 丙公司是一家股份有限公司，以下说法正确的是（　　）。

A. 公司发起人有300人

B. 可采用了募集发起

C. 如采取发起设立方式设立的，注册资本为在公司登记机关登记的全体发起人认购的股本总额的50%。

D. 在发起人认购的股份没有缴足前，可以向他人募集股份

E. 如采取募集方式设立的，注册资本为在公司登记机关登记的实收股本总额

4. 下列各种社会关系中，不属于《劳动法》调整对象的是（　　）。

A. 甲公司与其职工因支付加班费用而发生的关系

B. 乙私营企业与其职工因培训而发生的关系

C. 丙出版社与作家张某因稿酬发生的关系

D. 劳动监察执法人员查处丁公司雇佣童工的关系

5. 根据我国《劳动法》的规定，劳动者的法定最低就业年龄为（　　）。

A. 14周岁　　B. 16周岁

C. 18周岁　　D. 20周岁

6. 某贸易公司甲与应届毕业的大学生乙以书面形式签订了一份劳动合同，并且约定了试用期。那么，根据我国《劳动法》的规定，双方在劳动合同中约定的试用期最长不得超过（　　）。

A. 1 个月　　B. 3 个月

C. 6 个月　　D. 1 年

7. 根据《劳动法》的规定，劳动合同应当订立的形式为（　　）。

A. 口头形式　　B. 书面形式

C. 口头或书面形式　　D. 协商

应用案例 1

2015 年 10 月，A 花园小区 27 户居民联名将 C 建筑公司告上法庭。4 个月以前，与该居民区一墙之隔的 B 花园破土动工。从此，这里的居民便没过上一天清静日子。建筑工地日夜施工，夜间，工地上的探照灯将居民家中照得亮如白昼，刺耳的噪声更是使附近的居民夜不能寐，痛苦不堪。这里的居民以老人和孩子居多，睡眠不足使得老人身体每况愈下，孩子的健康和学业也受到影响。居民们不堪忍受建筑噪声，愤而向“环保 110”投诉。

环保部门接到投诉后，进行了实地勘察和监测，该项目夜间施工噪声达到了 60 db。经查明，该工程是由 C 建筑公司承建的。该建筑公司在开工前，未向该市环境保护行政主管部门进行申报。环保部门到工地查看时，发现工地正在夜间施工，对此 C 建筑公司负责人申辩：他们并未在夜间大规模施工，只是因混凝土浇筑工艺的特殊需要，开始之后就无法中止，即便是夜间也不能停工。但是 C 建筑公司并没有办理相关的夜间开工手续。

引导问题 2：根据该引例，讨论以下问题：

1. 我国建设工程法规在环保、节能、消防、档案方面对建设主体提出了哪些要求？

____

____

____

____

2. 该案例中，施工方是否存在违法之处。

____

____

____

____

相关测试

1. 公民甲和公民乙准备共同出资 1 000 万元人民币在某市投资设立一个纸业制品有限纸业公司，专门生产加工办公用的打印纸。该纸业公司的厂房的地址已经选好，公司的厂房占地约 2 万平方米。由于该纸业公司的厂房建设项目建设项目建成后可能会对周围环境造成影响，因此，根据我国环境保护法和环境评价法的有关规定，应当办理相应手续，其中：

（1）专家分析论证，该纸业公司项目建成后，会对周围环境造成重大影响，应当（　　）。

A. 编制环境影响报告表，对产生的环境影响进行全面评价

B. 编制环境影响报告表，对产生的环境影响进行分析或者专项评价

C. 编制环境影响报告书，对产生的环境影响进行全面评价

D. 编制环境影响报告书，对产生的环境影响进行分析或者专项评价

（2）由于该纸业公司的厂房建设项目涉及水土保持，所以还必须有（　　）审查同意的水土保持方案。

A. 环境保护部门　　B. 水行政主管部门

C. 工商行政管理部门　　D. 国土资源管理部门

（3）该纸业公司的厂房建设项目的上述环境评价文件应报（　　）审批。

A. 公安行政主管部门　　B. 所在地的县级以上地方人民政府

C. 工商行政主管部门　　D. 有审批权的环境保护行政主管部门

（4）纸业公司的厂房建设项目环境影响评价文件在获得批准以后，因故一直没有动工建设，延建若超过（　　），其环境影响评价文件需报原审批部门重新审核。

A. 1 年　　B. 2 年

C. 3 年　　D. 5 年

（5）根据环保部门的跟踪检查结果，纸业公司在生产纸制品的过程中，一直向水体排放污染物，应当按规定缴纳（　　）。

A. 违约金　　B. 罚金

C. 排污费　　D. 滞纳金

2. 某建筑公司准备在市区范围内进行建筑施工，其施工过程中使用机械设备可能产生环境噪声污染。根据《环境噪声污染防治法》，该公司必须在工程开工（　　）以前向工程所在地县级以上地方人民政府环境保护行政主管部门申报该工程的相关情况。

A. 3 日　　B. 5 日

C. 10 日　　D. 15 日

引导问题 3:《节约能源法》规定，建筑工程的建设单位、设计单位、施工单位和监理单位应建筑节能责任有哪些?

引导问题 4：什么是消防法律制度?

相关测试

1. 某建设工程为大型购物广场，设计过程中严格执行国家工程建筑消防技术标准，建设单位应当将建筑工程的消防设计图纸及有关资料报送（　　）审核，未经审核或者经审核不合格的，不得发给施工许可证。

A. 规划行政主管部门　　B. 公安消防机构

C. 建设行政主管部门　　D. 城建档案馆（室）

2. 某项目属于按规定应当进行消防设计的建筑工程，则下列关于建筑工程消防设计、验收的表述中正确的是（　　）。

A. 建筑工程设计单位应当将建筑工程的消防设计图纸及有关资料报送公安消防机构审核

B. 建筑构件和建筑材料的防火性能应当符合国家标准或者行业标准

C. 公共场所室内装修、装饰，应当使用不燃、难燃的材料

D. 建筑工程竣工时，必须经公安消防机构进行消防验收；未经验收或者经验收不合格的，不得进行竣工验收

3. 某建设工程由于场地狭小，项目经理准备将部分工人安置在建材仓库的二楼房间内，但其他人员对此有不同意见，则下列意见中符合法律规定的是（　　）。

A. 因为底层是建材仓库，所以二楼不得用作工人集体宿舍

B. 因该工程暂时确有困难，经公安消防机构批准，可以安排员工集体宿舍

C. 可以临时安置员工集体宿舍，但应尽快解决

D. 只要不是在仓库里边安置员工宿舍就不违反法律规定

应用案例 2

在对某大桥坍塌事故的调查中，国务院事故调查领导小组首先采取的一项措施是：封存大桥项目所有档案资料以及工程监理资料待查。

引导问题 5：什么是工程档案制度，其在建设工程中占有什么地位？

____

____

____

____

____

____

相关测试

1. 建设单位在工程招标及与勘察、设计、施工、监理等单位签订合同时，应对工程文件的套数、费用、质量、移交时间等提出明确要求。勘察、设计、施工、监理等单位应将本单位形成的工程文件立卷后（　　）。

A. 向建设行政主管部门移交　　B. 向城建档案馆移交

C. 向建设单位移交　　D. 通过建设单位转交

2. 下列表述中正确的是（　　）。

A. 归档可以分阶段进行，也可以在单位或分部工程通过竣工验收前进行

B. 勘察、设计单位应当在任务完成时，将各自形成的有关工程档案向城建档案馆归档

C. 施工、监理单位应当在工程竣工验收后，将各自形成的有关工程档案向建设单位归档

D. 凡设计、施工及监理单位需要归档的文件，应按国家有关规定单独立卷归档

3. 某属于列入城建档案馆接收范围的工程，建设单位于 2015 年 1 月 1 日接到施工单位提交的竣工验收报告，2 月 1 日竣工验收顺利通过。建设单位最晚应于（　　）前向城建档案馆移交该工程项目的档案文件。

A. 2006 年 10 月 1 日　　　　B. 2006 年 11 月 1 日

C. 2007 年 4 月 1 日　　　　D. 2007 年 5 月 1 日

4. 项目档案验收组对某重大工程档案进行了验收，并给出验收意见，其中下列各项中不属于项目档案验收意见内容的是（　　）。

A. 项目建设概况　　　　B. 项目档案管理情况

C. 项目档案使用情况　　　　D. 存在问题、整改要求与建议

应用案例 3

2008 年 10 月 10 日，某单位与某保险公司签订了《建筑工程一切险及第三者责任险》，保险项目为建筑工程（包括永久和临时工程及材料），投保金额为 3.07 亿元。保险期限自 2008 年 10 月 10 日 0 时起至 2011 年 4 月 22 日 24 时止，双方在保险合同中将各种自然灾害引起的物质损失绝对免赔额分别作了限定，并特别约定：物质损失部分每次事故赔偿限额人民币 300 万元。2008 年 10 月 15 日施工单位一次性缴纳了保险费 130 余万元。

2009 年 7 月 29 日，该地区遭遇特大暴雨，山洪暴发，致使施工区域内山体塌方，施工便道被冲毁，大量桩基被埋，抗滑桩垮塌，部分施工材料被冲走，工地受损严重。该单位经估算，预计损失金额为 258 万余元，保险公司接到报案后，聘请了某保险公估公司对事故现场进行了实地勘察，先后出具了两次损失统计表，其定损金额均与该单位实际受损情况存在很大差异。该单位提出异议，对受损金额不予认可，故全权委托某保险经纪公司为其保险顾问。

引导问题 6：该案例涉及纠纷是否属于保险纠纷？保险制度包括哪些内容？

1. 在一起保险事故查勘定损过程中，保险人、被保险人为查明和确定该起保险事故的性质、原因和保险标的的损失程度支付了合理的费用，该笔费用应由（　　）。

A. 被保险人承担　　　　B. 保险人承担

C. 投保人承担　　　　D. 受益人承担

2. 某市政公司将某桥梁工程进行招标，甲公司中标承包建造。

（1）作为工程的施工单位甲公司，依照《建筑法》的规定，必须投保的险种是（　　）。

A. 建筑工程一切险　　B. 安装工程一切险

C. 工程监理责任保险　　D. 建筑意外伤害险

（2）乙设计院为该工程的监理公司，如果甲公司为该工程投保了建筑工程一切险，下列说法中正确的是（　　）。

A. 市政公司、甲公司、乙设计院都是这桥梁工程一切险的被保险人

B. 市政公司、甲公司是建筑工程一切险的被保险人，乙设计院不是

C. 甲公司是建筑工程一切险的被保险人，市政公司、乙设计院都不是

D. 市政公司是建筑工程一切险的被保险人，其他单位都不是

（3）甲公司在投保建筑工程一切险之前，咨询了解到建筑工程一切险是一种综合性保险，该险种所承保的损失范围包括（　　）。

A. 信用保险和意外伤害保险　　B. 财产损失保险和责任保险

C. 财产损失保险和意外伤害保险　　D. 健康保险和责任保险

应用案例 4

2006 年 5 月 22 日，原告中铁 × 局集团第 × 工程有限责任公司所属的渝湘高速公路 × × 合同段项目部，通过中铁保险经纪有限公司与被告 A 财产保险有限公司陕西分公司签订了《施工人员人身意外伤害综合保险合同书》，双方在合同中对投保范围、保险责任、期限、金额等作了详细约定，原告已按时交纳了保费。双方合同约定，如发生被保险人意外身亡，身故保险金为每人 20 万元。2007 年 5 月 18 日，原告项目部施工人员潘某在施工过程中不慎触电身亡，原告项目部按照保险合同要求向被告 A 保险陕西分公司报案并提交了相关材料，被告 A 保险陕西分公司工作人员已在索赔材料上签字，并于同年 5 月 21 日将潘某列为被保险人予以确认，但至今没有履行给付义务。原告中铁 × 局第 × 工程有限责任公司已先期向被保险人潘某的亲属支付赔偿及补助款 50 万元。

引导问题 6：原告是否为本案的责任主体？潘某死亡后是否可以成为被保险人？

应用案例 5

2003 年 11 月，A 公司共康服饰城与 B 保险公司签订了一份《财产保险合同》，约定由 B 保险公司承保共康服饰城内 3、4 号馆房屋资产，协议签订后，A 公司按约支付了保险费。2004 年 1 月底，共康服饰城委托浙江某建筑公司对 4 号馆进行改造装修。而服饰城 4 号馆至 5 号馆之间的天桥改造工程则由服饰城工程部经理管某发包给一名没有资质的个体户施工。同年 2 月 10 日晚 10 时许，一名无证施工人员在天桥上进行电焊气割作业，由于违章操作，导致气割熔渣飞溅到 4 号馆的一店铺内，引燃铺内物品，酿成火灾。事发后，B 保险公司委托有关保险评估机构对火灾受损情况、费用以及事故原因、责任作出评估和认定。公估结论为此次火灾属保险责任范围，建议理赔金额为 75.6 万余元。此后，由于 B 保险公司对 A 公司提出的索赔请求予以拒绝，从而引发诉讼。此案经一审法院审理，判决 B 保险公司支付 A 公司保险赔偿款 75.6 万余元。

引导问题 7：建设工程常见险种有哪些？投保收益分别有哪些规定？本案中保险公司可以拒赔吗？

应用案例 6

原告系某建筑工程集团公司，2007 年 5 月因承建钢管混凝土中承式拱桥工程，在被告某保险公司处购买了“建筑工程一切险”，保险期限为两年，保单金额为 8768 万元。次年八月，因夏季洪水灾害，使得原告为承建该工程而搭建的一处临时工程——便桥、工作平台被洪水冲走，围堰模板被冲走，造成围堰渗漏，原告重新修复，加上因施救的人工费和材料费等共计财产损失 250 余万元，原告据此向被告发出了出险通知，要求被告就该损失向原告进行赔偿。但被告经派人实际到现场查勘，认为原告主张的损失是为施工工程而搭建的便桥被冲毁的损失，而该便桥是为完成项目工程的施工而搭建的临时施工，属于工程施工中的措施，不属于被告承保的保险范围，因此被告拒绝赔偿。原告不服，向法院提起诉讼。

原告的理由是：原告向被告提起投保申请书，被告确定承保后向原告出具保险单，注明了是“建筑工程一切险”，投保申请书及保单上均明确注明了“投保项目：第一部分：物质损失的项目是建筑工程（包括永久和临时工程及所用材料）”。而且洪水发生后，原告已采取了紧急措施，组织施工队伍并对所有工程进行加固，但终因洪水过大过猛，导致临时工程——便桥、工作台被冲毁，事后又及时通知了保险公司进行查勘，为此根据双方保险合同约定，被告应当赔偿原告为此而遭受的财产包括便桥损失、围堰修复费、施救费用、重新搭建施工便桥、工作平台费用共计 250 万余元。

被告辩称：被告不应当承担财产赔偿责任。理由是原告承建的总工程是通过公开招投标而进行的，根据原告与项目业主签订的《建设工程施工合同》，约定工程内容为：新建钢管混凝土中承式拱桥 1 座，又约定：标价的工程量清单为合同的组成部分，工程造价为 8 768 万元，与保单金额一致。而工程量清单中并没有包括原告所主张的临时工程及用工材料等，因此原告投保的范围仅限于工程量清单所列细目（工程内容），而并未对所承建工程修的便桥（临时工程）进行投保，其保险金额 8 768 万元也不包括其主张的便桥之费用，因此，原告主张不属于保险合同的保险范围，其索赔无法律依据。

另外，根据被告方提供的建设工程一切险及第三者责任险条款内容：本公司不负责赔偿桩基所需所有机械设备的损失，各种打捞费用，措施费用，以及为恢复设备状态而进行修正案、修理作业、研究检查等所发生的费用，本公司对每一保险项目的赔偿责任均不得超过本保险单明细表中对应列明的分项保险金额以及保险单特别条款或批单中规定的其他适用的赔偿限额，原告主张的相关费用也不应由被告来进行赔偿。

引导问题 8：建筑工程保险合同的保险范围是哪些？该案应如何处理？

____

____

____

____

____

资料阅读

2016 年 3 月 23 日，财政部、国家税务总局正式颁布《关于全面推开营业税改征增值税试点的通知》（财税〔2016〕36 号）（以下简称《通知》）。《通知》包含四个附件，分别为：

附件 1——《营业税改征增值税试点实施办法》；附件 2——《营业税改征增值税试点有关事项的规定》；附件 3——《营业税改征增值税试点过渡政策的规定》；附件 4——《跨境应税行为适用增值税零税率和免税政策的规定》。

对于老项目可能有两种方法处理，第一，继续按照老政策执行，就是按 3%上建安税；第二，执行 3%的税率简易增值税。这两种方法到底选哪一种，以相关文件出来为准。营改增之后，新老项目交替出现，共同经营、共同生产的情况下，必须分开采购，分开核算，分开决算，也就是说，营改增后老项目产生的增值税的进项税，不可以在新项目进行抵扣。

引导问题 9：建筑工程老项目包括哪两种情况？

____

____

____

引导问题 10：建筑业的增值率税率和增值税征收率是多少？

____

____

引导问题 11：进项税额中不动产如何抵扣销项税？

____

____

____

____

____

引导问题 12：适用简易计税方法计税的建筑服务有哪些？

____

____

____

____

____

____

相关测试

1. 某公司 2007 年 6 月 1 日应缴纳税款 50 000 元，由于自然灾害，申请延期缴纳税款，

（1）该公司可以延期缴纳税款的最长时间不得超过（　　）。

A. 一个月　　B. 三个月

C. 五个月　　D. 六个月

（2）若该公司直至同年11月1日仍未能按时缴纳税款，以下说法正确的是（　　）。

A. 补交税款50 000元

B. 补交税款50 000元，并征收同期银行存款利息

C. 补交税款50 000元，并征收万分之五的滞纳金

D. 补交税款50 000元，并征收百分之三的滞纳金

（3）该公司在欠税期间，要处分长期闲置的桥梁施工设备转让，根据《税收征收管理法》的规定，该公司的义务是（　　）。

A. 向税务机关结清税款　　B. 向税务机关结清税款并支付滞纳金

C. 向税务机关提供担保　　D. 向税务机关报告

2. 按照税务管理规定，下列情形正确的是（　　）。

A. 县政府扶持某工厂，决定对该企业免征三年企业所得税

B. 王某拖欠税款，2006年7月出国留学并未提供担保

C. 税务人员张某与管辖范围内的私营企业老板李某是大学同学，张某在执行公务期间并未申请回避

D. 赵某承包一商店，经查应补交税款共计1万元，拖欠不交，税务机关扣押其个人财产

3. 某工程公司在外地设立分支机构，获得批准并依法取得营业执照。就税收法律关系而言，下列做法正确的是（　　）。

A. 自公司成立之日起30日内向税务机关办理税务登记

B. 自领取营业执照之日起30日内向税务机关办理税务登记

C. 从商店购买专用发票

D. 向税务机关预交纳税保证金

应用案例7

A公司4月份购买甲产品支付货款10 000元，增值税进项税额1 700元，取得增值税专用发票。销售甲产品含税销售额为23 400元。

引导问题13：A公司应纳多少增值税？

应用案例 8

一大型写字楼项目位于城市中心地带，一期工程建筑面积 300 000 m^2，框架剪力墙结构，箱形基础。施工现场设置一混凝土搅拌站。由于工期紧，混凝土需用量大，施工单位实行“三班倒”连续进行混凝土搅拌和浇筑作业，周边社区居民对此意见很大，纷纷到现场质询并到有关部门进行投诉，有关部门对项目经理部进行了经济处罚，并责成项目进行了整改。

引导问题 14：根据该案例回答以下问题：

1. 建筑业常见的重要环境影响因素有哪些？

____

____

____

2. 何谓噪声？影响人们正常生活和工作的环境噪声，按其来源分为哪几种？

____

____

____

3. 请问《建筑施工场界噪声限值》（GB12523—90）标准对建筑工程土石方施工阶段、打桩施工阶段、结构施工阶段和装修施工阶段的噪声限值是如何规定的？

____

____

____

4. 项目经理部应如何处理噪声扰民问题？

____

____

____

应用案例 9

某建筑公司油工李师傅，从事该工种作业已有 33 年工龄，因年龄过大，加之企业效益不佳，2001 年 2 月 5 日，公司人事部门电话通知李师傅在家待岗，2001 年 12 月月底，公司人事部门与李师傅解除了劳动合同。

引导问题 15：根据该案例，回答以下问题：

1. 请问长期从事油漆作业，是否存在职业病危害？如果有，容易患什么样的疾病？

2. 公司在与李师傅解除劳动合同时，是否存在违法行为？为什么？李师傅是否有权索取其本人的职业健康监护档案复印件？

3. 建筑工程施工主要存在哪些职业危害？

4. 请简要回答工作场所应符合哪些职业卫生要求。

应用案例 10

北京市某建筑工程公司下属的混凝土搅拌站 1986 年投产使用，1995 年扩建后，该厂围墙与受害的四户村民的住房仅有几米距离。该厂自投产以来一直昼夜施工，产生大量噪声、振动和粉尘，严重影响了四户村民的正常生产、生活，并使该四户村民的房屋产生不同程度的损坏。四户村民曾申请北京市某区环保局对该厂产生的噪声及振动进行检测鉴定，结论是噪声和振动均不超标。后四户村民以该混凝土搅拌站所属的建筑工程公司为被告，向北京市某区人民法院提起了民事诉讼，请求法院判令被告停止侵害、赔偿损失。某区人民法院在审理过程中委托“北京市朝阳区房屋安全鉴定站”对受害人的房屋是否因噪声振动损害而构成危房以及损害的程度进行过鉴定，但并未将该鉴定结论作为证据在审理过程中予以证据公示，因此该份证据也未经过双方质证。后该法院以该鉴定结论为依据认定搅拌站的噪声确实给原告的房屋造成损害，判令被告赔偿原告一定数额的房屋维修费，但“以不属民事审判范围”为由对于原告要求判令被告“停止侵害”的诉讼请求予以驳回。一审后原告认为法院驳回其“停止侵害”的诉讼请求没有法律依据提起了上诉，被告则以其不应对原告承担民事责任为由也向上一级法院提起了上诉。二审法院经审理确认一审法院在审理中存在着适用程序不当问题遂发回重审。与此同时，四户村民之一的宋先生向中国政法大学污染受害者法律帮助中心求助。中心为其提供了相关的法律援助包括代受害人撰写了向再审法院递交的《请求鉴定申请书》，并作为原告的委托代理人参加了再审，最终在“以事实为依据、以法律为准绳”的基础上促使原、被告双方在再审中达成了调解协议。

引导问题 16：环境污染适用什么举证原则？本案给建筑施工企业什么启示？

____

____

____

____

____

____

____

四、任务评价

1. 此次任务完成中存在的主要问题有哪些？

____

____

____

____

2. 问题产生的原因有哪些？

____

____

____

____

请提出相应的解决方法：

____

____

____

____

3. 您认为还需加强哪方面的指导（实际工作过程及理论知识）？

____

____

____

____

五、拓展训练

应用案例分析

2000年5月18日，原告汪某受雇于被告任某、何某在A公司工地搞房屋拆除工作。同年6月22日上午8时许，在施工过程中发生意外事故，致使原告右小腿被水泥柱子压断。当时急送珠海市中医院抢救，后转至广州和平手外科医院住院手术治疗。原告曾于2001年4月24日向珠海市香洲区劳动争议仲裁委员会申请仲裁，但被答复不予受理。原告遂于同年4月26日起诉至法院，尽管当时没有医疗终结，也未进行伤残评定，但法院考虑到原告急需治疗的实际情况及本案直接雇主任某、何某下落不明的特殊案情，决定就其中一部分已清楚的事实先行作出判决，以确保原告的合法权益。2001年10月29日，一审法院作出了（2001）珠香民初字第1990号民事判决书，被告三分公司和珠华公司不服提起上诉，珠海市中级人民法院经审理作出了（2002）珠民终字第433号民事判决书，判决原告的工伤赔偿款45 636.4元由被告任某、何某支付，三分公司承担连带赔偿责任，建总公司承担补充清偿责任，A公司承担继续补充清偿责任。

问题：该案涉及哪些问题？应如何处理？

参考文献

[1] 高玉兰. 建设工程法规. 北京：北京大学出版社，2008.

[2] 唐茂华. 工程建设法律与制度. 北京：北京大学出版社，2008.

[3] 宋宗宇. 建筑法案例评析. 北京：对外经济贸易出版社，2009.

[4] 陈正主. 建筑工程法规原理与实务. 北京：电子工业出版社，2008.

[5] 金国辉. 建设法规概论与案例. 北京：清华大学出版社，2006.

[6] 杨陈慧. 建筑法规实务. 北京：北京大学出版社，2011.

[7] 杨陈慧. 建设法规实务. 重庆：重庆大学出版社，2016.